# TRILHANDO O CAMINHO DO ARTISTA

# JULIA CAMERON

# TRILHANDO O CAMINHO DO ARTISTA

## COMO DESPERTAR A INTUIÇÃO E A CRIATIVIDADE ATRAVÉS DA ESCRITA

Traduzido por Ana Beatriz Rodrigues

SEXTANTE

Título original: *Living The Artist's Way*

Copyright © 2023 por Julia Cameron
Copyright da tradução © 2025 por GMT Editores Ltda.

Todos os direitos reservados. Nenhuma parte deste livro pode ser utilizada ou reproduzida sob quaisquer meios existentes sem autorização por escrito dos editores.

*coordenação editorial:* Juliana Souza
*produção editorial:* Carolina Vaz
*preparo de originais:* Rafaella Lemos
*revisão:* Milena Vargas e Tereza da Rocha
*diagramação:* Ana Paula Daudt Brandão
*capa:* Natali Nabekura
*impressão e acabamento:* Associação Religiosa Imprensa da Fé

CIP-BRASIL. CATALOGAÇÃO NA PUBLICAÇÃO
SINDICATO NACIONAL DOS EDITORES DE LIVROS, RJ

C189t

Cameron, Julia, 1947-
Trilhando o caminho do artista / Julia Cameron ; tradução Ana Beatriz Rodrigues. - 1. ed. - Rio de Janeiro : Sextante, 2025.
192 p. ; 23 cm.

Tradução de: Living the artist's way
ISBN 978-85-431-1029-5

1. Criação (Literária, artística, etc.). 2. Criatividade. 3. Autorrealização. 4. Técnicas de autoajuda. I. Rodrigues, Ana Beatriz. II. Título.

25-95760
CDD: 153.35
CDU: 159.954

Meri Gleice Rodrigues de Souza - Bibliotecária - CRB-7/6439

Todos os direitos reservados, no Brasil, por
GMT Editores Ltda.
Rua Voluntários da Pátria, 45 – 14º andar – Botafogo
22270-000 – Rio de Janeiro – RJ
Tel.: (21) 2538-4100
E-mail: atendimento@sextante.com.br
www.sextante.com.br

Dedico este livro a Jeannette Aycock,
cuja crença inabalável na orientação
reforça a minha

# Sumário

Introdução — 9

**SEMANA 1** *Um convite a uma base sólida* — 23
Acreditando nos amigos — 25
Orientação de carreira — 32
Abraçando o otimismo — 36
O ambiente doméstico — 40
Todos temos dúvidas — 45
Aplacando a ansiedade — 48

**SEMANA 2** *Um convite à força* — 55
Em busca do positivo — 57
O poder de desacelerar — 62
A inspiração dos amigos — 66
Trabalho orientado — 74
Decisões guiadas — 78

**SEMANA 3** *Um convite à calma* — 87
Orientada para a paciência — 89
Aceitando o bem — 96
A calma da orientação — 102
O apoio da conexão — 108
Colocando limites — 113

| | | |
|---|---|---|
| SEMANA 4 | *Um convite ao otimismo* | 117 |
| | Orientação para perdoar a mim mesmo | 119 |
| | Orientada à esperança | 121 |
| | Abrindo mão do controle | 124 |
| | Confiança na orientação | 130 |
| | A firmeza da orientação | 134 |
| | Orientação e arte | 138 |
| | | |
| SEMANA 5 | *Um convite ao vigor* | 141 |
| | A magia da natureza | 143 |
| | Dando passagem ao apoio divino | 148 |
| | Guiada a cada momento | 152 |
| | O poder da gratidão | 156 |
| | | |
| SEMANA 6 | *Um convite ao compromisso* | 163 |
| | Prece | 165 |
| | A importância de uma rede de apoio | 170 |
| | Mantendo a fé | 174 |
| | O poder da caminhada | 180 |
| | A benevolência da orientação | 185 |

| | |
|---|---|
| Agradecimentos | 190 |

# Introdução

Vou começar do início. Este é um livro sobre orientação, então eu começo definindo "orientação" e respondendo às perguntas mais comuns. O que é orientação? Qualquer um pode recebê-la? A orientação é um direcionamento que vem de uma fonte de sabedoria mais elevada do que as que costumamos encontrar. É a resposta do universo a uma pergunta: "E quanto a *tal coisa*?" Ela está disponível para todos nós. Não é privilégio de poucos. Ao contrário, qualquer um pode pedir orientação e recebê-la. Basta ter a mente aberta.

A orientação é a quarta ferramenta essencial do Caminho do Artista. *Trilhando o caminho do artista* é uma janela pela qual você terá um vislumbre da minha vida e verá quanto dependo da orientação a cada passo da jornada. É um convite a fazer como eu e usar essa ferramenta para ajudá-lo a transitar por todas as áreas da sua vida.

Nos meus livros anteriores, escrevi sobre a arte criativa da escuta e da oração e sobre como podemos ser guiados por essas práticas e pelas páginas matinais. Agora vou levá-lo um passo além. Você vai entender como a oração prepara o terreno para a orientação e como as páginas matinais nos preparam para colocar essa orientação no papel. Perguntamos na página e recebemos as respostas na página. Vou mostrar como essa prática vem fortalecendo minha vida e minha arte. A orientação que recebo e minha arte se tornaram minha maneira de pensar... minha forma de interpretar o mundo. A cada passo do caminho, estou sempre tentando escutar a orientação.

Neste livro, vou revelar meu lado pessoal e vulnerável, contando como uso a orientação para lidar com dúvidas em minha vida. Em última análise, vivencio a fé. Colocar a orientação no papel de fato contribui para uma vida mais leve e feliz. A orientação nos tranquiliza; estabelece uma base e pode aplacar nossos medos, dúvidas e ansiedades. Ela nos conduz à nossa sabedoria interior e a nós mesmos.

Espero que este livro seja ao mesmo tempo encantador e tranquilizador. Espero que você goste da exploração profunda e da aplicação prática desta ferramenta essencial. Talvez minha experiência consiga demonstrar que escrever em busca de orientação pode ser uma prática meditativa – e *divertida*.

"Eu pergunto a mim mesmo sobre *tal coisa*", podemos pensar, e o questionamento é um terreno fértil para a orientação. "E quanto a *tal coisa*?", fazemos essa pergunta e em seguida nosso questionamento é respondido. *Algo ou alguém* nos responde. "Ouvimos" informações que respondem ao que queremos saber. A orientação é simples e direta, mas poderosa.

Relacionamentos amorosos, finanças, negócios de difícil resolução – podemos pedir orientação em relação a tudo isso. O que começou para mim como uma situação específica logo se expandiu, transformando-se em uma aventura. Descobri que a orientação é confiável e abrangente. A sabedoria que eu antes buscava em fontes humanas estava prontamente disponível em fontes espirituais. Lembro-me bem da minha empolgação com essa descoberta. "Então quer dizer que eu posso fazer perguntas sobre qualquer coisa?", questionei.

*Sim.*

Foi o que fiz. "Sobre o que devo escrever a seguir?" tornou-se uma pergunta frequente.

*Escreva sobre oração* foi uma das respostas. Ou: *Escreva sobre amizade*.

Ou, no caso deste livro, *escreva sobre orientação. Você a usa há trinta anos. Aprofunde-se no tema*. A orientação estava certa. Escrevi sobre ela no livro *O caminho do artista*, mas depois passei trinta anos sem tornar a mencioná-la, embora a usasse o tempo todo. Passei a considerá-la a quarta ferramenta essencial – uma espécie de rede de segurança que sustentava as três ferramentas que eu já utilizava.

As orientações que recebo vêm me apontando direções há mais de trinta anos. Passei a contar com elas. Logo descobri que, quando usadas em conjunto com as outras ferramentas, elas me apontam um caminho seguro.

Sendo assim, considero apropriado falar um pouco das outras ferramentas. Quando usamos todas as quatro em conjunto, ganhamos confiança em nossa criatividade. Usando as ferramentas, alcançamos uma vida criativa.

# AS QUATRO FERRAMENTAS ESSENCIAIS

As quatro ferramentas essenciais para a recuperação criativa são as páginas matinais, o encontro com o artista, as caminhadas e a escrita em busca de orientação. Juntas, elas ajudaram pessoas do mundo inteiro a desbloquear a própria criatividade, tornando-as mais felizes e produtivas.

Encorajo você a usar todas elas. Este livro é um mergulho profundo na quarta ferramenta essencial, a escrita em busca de orientação. Na forma de diário, ele mostra como a uso em todos os aspectos da minha vida diária.

## Páginas matinais

Três páginas escritas à mão, diariamente, ao acordar. Minha recomendação é usar papel tamanho A4; caso contrário, você talvez ache difícil expressar seus pensamentos. Assim que puder, logo ao acordar, escreva três páginas sobre qualquer coisa. Se não conseguir pensar em nada para escrever, escreva "Não consigo pensar em nada para escrever". Claro, você pode preparar seu café primeiro, é só não levar 45 minutos preparando a xícara de café perfeita. Quanto antes você começar a escrever ao acordar, mais eficazes serão as páginas. Muito importante: não é para ninguém ler o que você escreveu. Não mostre a ninguém. As páginas matinais são um espaço privado para sonhar, desejar, reclamar, refletir e ousar. São a ferramenta fundamental para a recuperação da criatividade.

## Encontro com o artista

Uma vez por semana, leve seu artista – sua parte jovem, brincalhona e criativa – para um encontro, só vocês dois. Não precisa ser um programa caro nem demorado. O importante é que você dedique um tempo a se concentrar em seu artista – e a se divertir. Essas miniaventuras são ocasiões festivas para curtir sozinho. Pode ser uma visita a um museu, a um restaurante novo, um passeio no jardim botânico, uma ida ao cinema. Bastam uma ou duas horas. Resista à sua resistência: é fácil usar a desculpa da "falta de tempo" para esses encontros com o artista que existe em você. Mas os encontros com o artista podem nos trazer insights, inspiração e felicidade. Escolha uma atividade capaz de fascinar seu artista interior. A expectativa é que sua sorte melhore e a sincronicidade aumente à medida que você utiliza essa ferramenta regularmente.

## Caminhadas

Saia para fazer uma caminhada solo duas vezes por semana – nada de ouvir música, levar o celular, conversar com amigos ou passear com o cachorro. Bastam vinte minutos, duas vezes por semana, para alterar sua consciência. Experimente sair de casa com uma pergunta na cabeça e observar se, na volta, surge alguma resposta.

---

Munidos dessas três ferramentas, estamos prontos para pedir orientação. É possível fazê-lo a qualquer hora do dia ou da noite, embora muitos prefiram cumprir essa etapa logo após escrever as páginas matinais. Essa prática difere da escrita das páginas matinais porque, nela, fazemos uma pergunta direta: "E quanto a *tal coisa*?" Embora possam nos fornecer informações sobre questões que nos preocupam, as páginas matinais raramente são tão diretas quanto a orientação, em que pedimos à queima-roupa um direcionamento. Aqui, você tem duas opções: ou pede orientação no mesmo diário que usa para escrever as páginas matinais ou, o que talvez seja melhor, em outro caderno, destinado especificamente a isso. Faça uma pergunta de cada vez e aguarde a resposta. Na orientação, podemos pedir a compreensão de uma questão espinhosa. Uma simples frase pode nos dar uma luz para resolver nossas dificuldades. A orientação nos oferece uma visão geral. Um dilema profundo pode ser revelado e descartado. Por exemplo, certa vez escrevi: "E quanto à minha escrita?" Escutei: *Coloque a sobriedade em primeiro lugar*. E percebi que estava lidando com uma questão de fé. Minha dúvida sobre minha escrita era, na verdade, falta de confiança.

## A ESCRITA EM BUSCA DE ORIENTAÇÃO

Quando escrevemos em busca de orientação, colocamos uma pergunta no papel e, depois, escrevemos o que "escutamos". Em seguida, sentimos que estamos sendo guiados adequada e delicadamente. À medida que praticamos esse tipo de escrita, descobrimos que a orientação passa a surgir com mais facilidade. O novato nessa prática pode duvidar de sua eficácia. "E se for só minha imaginação?" Não é. Mas se for, a imaginação é muito mais sábia e benevolente do que pensamos. A mensagem essencial que ela nos traz é a certeza de que está tudo bem; as dificuldades serão superadas; estamos em segurança e somos guiados e protegidos. A orientação vem e passamos a contar com ela.

∽

O livro *O caminho do artista* foi publicado originalmente em 1992. Nele, falo sobre pedir orientação – e confiar nela. Traçando um caminho para outros seguirem, menciono a prática simples de pedir – e receber – orientação. O meu tom, desde lá atrás, era realista. Claro que era uma boa ideia pedir orientação e confiar nela.

Nos anos que se seguiram, passei a reconhecer a importância da confiança. Temos que nos esforçar para manter a mente aberta. Embora a orientação seja confiável, é preciso aprender a confiar nela. À medida que a buscamos com cada vez mais frequência, reconhecemos sua sabedoria em assuntos importantes e não tão importantes assim. Isso nos traz confiança. É preciso treinar.

Em 1992, escrevi:

> Qualquer pessoa que escreva fielmente suas páginas matinais será levada a uma conexão com uma fonte de sabedoria interior. Quando estou me sentindo sem saída diante de algum problema ou uma situação dolorosa, vou para as minhas páginas e peço orientação. Escrevo as iniciais "LJ" ("Little Julie", Pequena Julie) e em seguida faço minhas perguntas.

LJ: O que devo dizer sobre sabedoria interior? (Então eu espero para ouvir a resposta e a escrevo também.)

RESPOSTA: Você deve dizer que todos têm uma ligação direta com Deus. Ninguém precisa de intermediário. Sugira que usem um problema pessoal para experimentar essa técnica.

Trinta anos depois, continuo em busca de orientação. Peço-a e, apesar das minhas dúvidas, confio nela. Hoje, tenho três décadas de experiência e já sei que a orientação é confiável. No entanto, escrevi menos sobre esse assunto do que sobre as outras ferramentas essenciais. Talvez por receio de ser considerada "mística" demais.

Como assim? Tenho receio de ter me afastado do caminho racional mais aceito. A orientação, afinal, nos oferece um caminho espiritual, intuitivo, que nos leva a acreditar naquilo que, racionalmente, não podemos conhecer. É de admirar que tenhamos medo de ser considerados meio "excêntricos", meio "loucos"?

Ao longo dos anos, escolhi meus amigos a dedo. Eles não acham que eu sou "louca" ou mística demais. Pelo contrário. Como eu, eles acreditam na orientação.

Especificamente, acreditam na orientação que eu recebo.

– O que sua orientação diz sobre isso? – pergunta minha amiga Jeannette quando menciono uma questão complicada.

– Não sei. Não perguntei – respondo às vezes.

– Então acho melhor você perguntar – diz ela, confiante em que a orientação será acertada.

E, assim, faço a pergunta.

Minha amiga Laura Leddy também confia na orientação que recebo. Como acredita na que ela recebe, também acredita na que eu recebo. Assim, com ela, não meço palavras. Digo: "A orientação me diz que...", e repito o que ouvi. Laura ouve com interesse, sem ceticismo. Acho que a crença dela reforça a minha.

Jacob Nordby, outro amigo próximo, também acredita. Busca orientação todos os dias e realmente dá ouvidos ao que é orientado a fazer. Para ele, a orientação que recebo é um fato, e ponto-final. Quando sigo uma orientação, ele pressupõe que a direção está correta. Muitas vezes damos aulas juntos e a orientação que nós dois recebemos torna a experiência mais fácil, sem esforço. Vivemos muito longe um do outro, mas a orientação nos une.

Scottie Pierce, uma amiga íntima, acredita na orientação que recebo e na que ela recebe também. "Você é muito sensível", afirma. "A orientação que você recebe é precisa, sólida e *exata*." Quando peço que reze por mim, ela o faz de bom grado, muitas vezes comentando que "já estou no caminho certo".

À noite, ligo para saber como anda outro amigo, Scott Thomas. Ancião do povo Lakota e psicoterapeuta, ele busca orientação todos os dias. Quando escrevo, costumo receber ligações dele: "Fico feliz em saber que você está tendo uma noite criativa", diz, confiante em que estou sendo "guiada". Seus telefonemas são breves; ele não quer "interromper o fluxo".

Assim, com minha crença fortalecida pela crença dos meus amigos, escrevo para pedir orientação todas as noites. Peço que o Grande Criador fale comigo, e também peço que as Forças Superiores falem comigo. Meus pedidos de orientação são sempre atendidos, e as respostas norteiam minha vida.

Quando ensino a ferramenta da orientação escrita, a pergunta que mais ouço é: "E se for só a minha imaginação?" Respondo: "Bem, então sua imaginação é muito mais útil do que você imagina."

Este livro é a minha resposta a essa pergunta frequente, e a pergunta que ele devolve é: "E se não for?"

Trinta anos depois da publicação de *O caminho do artista*, estou aqui para relatar que continuo escrevendo diariamente para pedir orientação sobre qualquer tópico que me aflija no momento. É uma prática em que confio e acredito – e a utilizo em todas as esferas da minha vida. Neste livro, conto como e quando uso essa ferramenta. Convido você a aplicar essa técnica positiva e poderosa que está disponível para todos nós.

Bem-vindo ao ato criativo da escrita em busca de orientação.

∾

Acredito na existência de reinos e forças superiores. Acredito que nosso mundo é tocado por eles, só precisamos permitir. Basta abrir a porta e você verá que todo tipo de ajuda espiritual surgirá em seu socorro. Torne a fechá-

-la, e experimente navegar pela vida com os faróis apagados. A orientação acende o farol alto e passamos a contar com ele. Quando pedimos para ser guiados, é isso que acontece. Ao passarmos a escrever em busca de orientação, nossa vida se torna mais amigável. O futuro já não se aproxima como algo hostil, desconhecido. Quando pedimos para ser guiados, experimentamos uma força benevolente que nos guia à medida que avançamos. Essa força "fala" conosco *com sabedoria e delicadeza*. As dificuldades diminuem à medida que nos é concedida a graça para lidar com elas. Somos *bem* e *cuidadosamente guiados*. *Não há nenhum erro em nosso caminho*, é o que garantem. Dizem: *Não duvide da minha bondade*, e os nossos medos diminuem. À medida que colocamos nossos problemas no papel, eles perdem força. Nós escrevemos, e uma mão superior "conserta" as coisas. A calamidade dá lugar à oportunidade. A caneta se torna um instrumento do bem.

"Mas e quanto a *tal coisa*?", perguntamos, ainda em busca de uma resposta pessimista. Mas é o otimismo que nos pega pela mão. Não há problema que não possa ser suavizado. Passamos a encarar de frente nossos receios, nossas dúvidas e nosso desespero. Recebemos a promessa de um futuro ensolarado, livre de dramas. Nossa mão, movimentando-se pela página, dá lugar a uma vida feita à mão. *Está tudo bem*, é o que nos dizem, e começamos a acreditar. É uma questão de confiança. E a confiança nasce da prática. Tentamos confiar nos pequenos conselhos e logo nos vemos confiando nos grandes. "Está tudo bem" transforma-se em um mantra. *Está mesmo* tudo bem, começamos a acreditar.

A orientação nos chega pelas nossas mãos. Fazemos as perguntas na página, e nela recebemos as respostas. Somos ousados o suficiente para fazer perguntas diretas, e recebemos respostas diretas. A orientação é clara e objetiva. A pergunta "E quanto a *tal coisa*?" nos oferece informações sobre *tal coisa*. Ela nos diz muitas coisas que, racionalmente, não teríamos como saber. A orientação espreita nas esquinas, oferecendo um vislumbre do que está além. Medos e preocupações perdem a força. No mundo dela, a bondade prevalece. Muitos dos nossos medos são infundados, fruto de nossa imaginação. E a orientação os elimina, nos incentivando a confiar em um futuro benevolente.

Buscamos orientação em todas as esferas da vida. Relacionamentos, finanças – não existem assuntos tabus. Pedimos orientação sobre um tema espinhoso, e o tópico se desvela para nós sem dramas. A imaginação, descontroladamente vívida, vai sendo domada de mansinho. Seremos amados. Vamos prosperar. A orientação nos garante que nosso futuro será brilhante, livre da sombra do medo. Pouco a pouco, descobrimos que somos merecedores. A orientação nos vê com bons olhos, e nos empenhamos para fazer o mesmo. Com o tempo, a pergunta "E quanto a *tal coisa*?" perde todo o drama. A orientação é naturalmente otimista, e passamos a confiar nela. Ao escrevê-la, podemos voltar e relê-la para nos tranquilizarmos. "Escutamos" a orientação recebida e assimilamos seu tom suave.

*Tudo ficará bem*, ela nos diz. Passamos a acreditar, a princípio relutantes, que isso é verdade. Instruídos em equanimidade, passamos a responder, e não mais reagir abruptamente, aos sinais que a vida nos dá. "Você é muito calmo", nos dizem as pessoas próximas. A calma é fruto da orientação. Ficamos mais equilibrados. Nossas percepções da vida mudam. Pessoas e acontecimentos deixam de ser considerados hostis. Não temos necessidade de ficar na defensiva. O mundo não está contra nós.

É claro que podemos rezar em busca de orientação, sem precisar colocar os pedidos no papel, mas algo no ato de escrever torna essa dinâmica mais "realista". É a nossa mão que se movimenta na página, mas ela é um instrumento de Deus. À medida que escrevemos – e colocamos a orientação recebida no papel –, nossas palavras podem nos surpreender. Elas se formam em nossa consciência como se estivéssemos fazendo um ditado. A sabedoria nos chega sílaba a sílaba, palavra a palavra. Alguém – ou algo – escreve através de nós. Anotamos as palavras que "escutamos" e, não raro, ficamos atônitos. Há uma sabedoria aparente que não é nossa. Sentimos que a orientação tem uma visão de longo prazo, enquanto nós – míopes – enxergamos apenas o que está logo à nossa frente.

"E quanto a *tal coisa*?", questionamos. A orientação que recebemos responde não apenas sobre isso mas sobre outra questão que vem se avolumando em nosso inconsciente. Peço ajuda com a minha escrita, recebo-a e ouço uma observação a mais: *Sua sobriedade é sólida*. Sofro de alcoolismo e estou sóbria há 42 anos, mas não havia me dado conta de que a sobriedade ainda era uma questão para mim. A orientação – mais sábia do que meu eu consciente – não perde de vista meus anos de sobriedade nem minha necessidade de permanecer consciente. Recebo de bom grado a notícia de que minha sobriedade "é sólida". A orientação me mostra as minhas prioridades.

∾

*Não pense que você foi abandonada*, repreende-me a orientação. Saiba que a orientação é onipresente, sempre pronta a nos guiar e nos proteger. Abrir a mente e o coração a ela é um ato de vontade. Estamos dispostos a ser guiados, e guiados seremos.

Pedimos, e um fluxo de orientação chega até nós. Ouvindo, escrevendo, podemos nos surpreender com a facilidade com que ela surge. Quem disse que o acesso à orientação seria difícil? Descobri que é surpreendentemente fácil e natural. Quanto mais nos treinamos em pedir orientação, mais normal isso se torna. Conseguimos relaxar. Começamos a confiar no fluxo, e outras orientações chegam até nós. *Não tenha medo de ser excêntrica*, me instrui a orientação. *Em vez disso, confie.*

Caneta na mão, transcrevemos as orientações recebidas. Colocamos tudo no papel, e isso é melhor do que apenas lembrar. Agora podemos lê-las – e relê-las. As palavras no papel são assimiladas em nossa psique. Somos guiados adequada e delicadamente.

Depois de um bom tempo pedindo orientação em todos os momentos, passamos a confiar em uma força maior. Em retrospecto, orientações que pareciam misteriosas ou abstratas revelam-se precisas e úteis. São raras as ocasiões em que a orientação nos parece obscura; na maioria das vezes, ela é simples e direta.

"Preciso de orientação", oramos, e a resposta logo chega. *Você é guiado adequada e delicadamente*, nos diz ela antes de se tornar mais específica. No meu caso, fala-me da minha escrita. *Escreva sobre esperança. Escreva sobre controle*, sou instruída, e quando obedeço sou recompensada com uma escrita que tem força e clareza.

*Escreva. Escreva agora!* Às vezes, sou instada quando sinto certa resistência ou reluto em confiar na orientação. Porque vez ou outra preciso que alguém me diga: *Resista à sua resistência*. E assim o faço. E, quando o faço, recebo a dádiva de trabalhar com autenticidade e força.

*Não pense que você foi abandonada*, repreendeu-me a orientação ontem, quando eu estava, sim, me sentindo abandonada. *Estamos sempre ao seu lado*. E quem é esse misterioso "nós"? Passei a me referir a eles como "forças superiores". Imagino-me ouvindo seres grandiosos e benevolentes. Anjos? Vai saber. "Eles" se contentam em continuar anônimos.

*Não duvide da nossa bondade*, eles me relembram, diante do meu ceticismo ocasional. Essa advertência me traz de volta anos e anos de orientação; anos em que ela me proporcionou muitos benefícios. Tenho diários e mais diários repletos de orientações benevolentes. *Não existe erro no seu caminho*, garantem-me, acrescentando um último pensamento reconfortante: *Julia, está tudo bem*.

∽

Meu telefone toca. É meu amigo escritor Jacob Nordby. Ele teve um dia tumultuado. A filha, Meghan, foi morar sozinha. Sem ela, a casa ficou vazia de uma hora para outra. Acostumado a ser um pai presente, Jacob lamenta:

– Vou sentir falta da minha menina.

Sei como ele se sente, pois me lembro de como me senti quando minha filha, Domenica, deixou o ninho, vinte anos atrás; até hoje dói.

– Comecei a escrever meu livro sobre orientação – digo, mudando o rumo da conversa.

– O momento é bem oportuno – replica Jacob. – Acho que aprender sobre esse assunto seria muito bom para as pessoas hoje. Talvez seu livro as estimule a experimentar – especula.

– Seria ótimo – respondo, pensando que o desejo sincero de Jacob também pode ser guiado por uma força superior, oferecendo-me justo o incentivo de que preciso.

Ao pedirmos orientação, somos guiados adequada e delicadamente. Vemos nossos desejos, esperanças e vontades sendo supridos pelos desejos, esperanças e vontades de outros. Cada vez mais, passamos a nos ver como um trabalhador entre trabalhadores, um amigo entre amigos. Ouvindo as orientações que recebemos, seguimos seus sinais e temos uma experiência da harmonia. A orientação nos leva a fazer parte de um todo maior. Experimentamos a sincronicidade, o delicioso entrelaçamento de nossos sonhos e planos com os planos e sonhos do universo agindo, benevolente, em nosso favor. Nossa "sorte" melhora e passamos a contar com ela. Estamos, cada vez mais, no lugar certo, na hora certa. Os encontros ocasionais já não são vistos como fruto do acaso, mas como a ação deliberada do universo em nosso favor.

Com o tempo, trabalhando com a orientação, vamos nos tornando cada vez mais cooperativos. Somos guiados numa direção positiva, exatamente para onde o universo pretende nos guiar. Temos a sensação de estar entrelaçados com as grandes e gloriosas engrenagens do destino. A orientação que recebemos nos dá sinais e cada vez mais obedecemos a eles, indo nas direções inesperadas que somos orientados a seguir. Nossos palpites ou intuições se tornam parte funcional de nossa mente. Passamos a contar com ela, um passo de cada vez, como somos orientados a fazer. Muitas vezes, perguntamos a nós mesmos "E agora, qual o próximo passo?", e tentamos ouvir o sinal sutil que devemos seguir. Quando pedimos para ser guiados, somos. Quando buscamos orientação, a encontramos.

### ESCREVA EM BUSCA DE ORIENTAÇÃO

Nas minhas aulas, costumam me perguntar sobre quais assuntos podem ser abordados ao pedirmos orientação. Respondo na hora: "Todos." Uma maneira infalível de descobrir sobre o que você pode pedir orientação é fazer um dos meus exercícios favoritos: a lista de desejos.

Complete as seguintes frases:

1. Desejo...
2. Desejo...
3. Desejo...
4. Desejo...
5. Desejo...
6. Desejo...
7. Desejo...
8. Desejo...
9. Desejo...
10. Desejo...

11. Desejo…
12. Desejo…
13. Desejo…
14. Desejo…
15. Desejo…
16. Desejo…
17. Desejo…
18. Desejo…
19. Desejo…
20. Desejo especialmente…

Analise a lista. Qualquer tópico que você tenha incluído nela é terreno fértil para a orientação.

# SEMANA 1

## *Um convite a uma base sólida*

Nesta primeira semana, vou convidar você a experimentar escrever em busca de orientação. Os textos e tarefas vão ajudá-lo a descobrir como aplicar essa técnica no seu dia a dia, com as pessoas com as quais mais interage, e a lidar com suas questões mais urgentes. Espero que você descubra que é possível pedir orientação para tudo, até coisas triviais, e que ela está disponível para você e vai lhe oferecer incentivo e uma base sólida sobre a qual se estabelecer. À medida que for ganhando força e fé em seu kit de ferramentas, você vai começar a se sentir mais estável ao receber apoio do que chamo de "forças superiores".

# Acreditando nos amigos

Minha amiga Scottie Pierce pede orientação diariamente. À medida que seu dia se desenrola, ela é guiada, a cada momento. Atenta aos sinais do universo, ela coopera, conectando suas ações às orientações que recebe. Resultado: seus dias são repletos de tranquilidade e alegria. Quando pergunto como está, ela responde: "Ótima!" E a orientação é a causa disso.

Quando digo que estou escrevendo um livro sobre orientação, ela fica animada. "Julia, que maravilha!", exclama. A orientação é um fato central na vida dela e na minha também. "Ouvir o Divino", para ela, tem o mesmo valor que tem para mim. "Eu dou ouvidos ao que escuto", diz Scottie sobre como costuma obedecer à orientação. Assim, ela é agraciada com uma vida tranquila.

> *A amizade surge quando uma pessoa diz à outra:*
> *"Como assim? Você também? Pensei que eu fosse o único…"*
> – C. S. LEWIS

O telefone toca, é minha amiga Jennifer Bassey. Ela está no sul da Flórida, onde o calor e a umidade sufocantes conspiraram para impedir sua caminhada diária. "Está simplesmente um forno", diz, sentindo falta de seu exercício rotineiro.

Quando peço a Jennifer que ore por mim, ela me imagina cercada por uma luz branca protetora e pede que eu seja "guiada em minhas palavras e ações". Enquanto Jennifer faz sua prece, experimento a orientação. Costumo pedir orações a ela quando vou ministrar um curso, pedindo orientação para lidar com as necessidades da turma. Ao ensinar, sou guiada, uma palavra de cada vez, uma ferramenta de cada vez. Ao pedir orientação depois de dar uma série de aulas, o que ouço é: *Você foi bem, pequena. Não há motivo para arrependimento*. E assim, amparada pelo otimismo das palavras, deixo a preocupação para trás e sigo adiante, rumo ao meu próximo salto.

*Não há nada que eu não faria por meus verdadeiros amigos.*
– JANE AUSTEN

"Fico sempre feliz em orar por você", diz Jacob Nordby. E ele ora quando peço e às vezes até quando não peço. Jacob conta com a orientação que recebe para saber quando uma oração é necessária. Ele escreve em busca de orientação toda manhã e recebe outras ao longo do dia. "Pensei muito em você hoje de manhã", diz. "Por isso fiz ainda mais preces por você." As "preces a mais" de Jacob são sempre oportunas. Quando estou preocupada, sei que Jacob capta minhas preocupações. Mesmo com os mais de 1.200 quilômetros que nos separam, ele sente minha agitação e faz uma prece pedindo que eu fique em paz. "Acredito em forças superiores", diz. "Não importa o nome que lhes deem; sejam anjos ou o que for, elas intercedem em nosso favor." Atento ao que dizem, Jacob acredita receber orientação. "É um diálogo", diz. "Eu falo com as forças superiores e elas falam comigo."

Jacob não passa um dia sem pedir orientação, pois ela tem o mesmo valor que uma boa refeição tem para a saúde do corpo. A orientação é nutritiva, acredita ele, porque nutre seu espírito. Saudável, Jacob cuida do corpo, da mente e do espírito. A prática de pedi-la diariamente, por escrito, o instrui sobre como cuidar de si mesmo. Ele se alimenta de acordo com as diretrizes que lhe são transmitidas. Recentemente, virou vegano, como sua orientação o direcionou a fazer. Obediente, Jacob relata ter mais energia e observar a perda de quilos indesejados. Excelente cozinheiro, ele adapta seus cardápios. A mudança na alimentação está "dando certo", relata.

O telefone toca de novo. Atendo, e é Laura Leddy, minha amiga íntima há 25 anos.

– Pensei muito em você esses dias – diz, com a voz suave e alegre. – Resolvi ligar para saber o que anda fazendo.

– Estou escrevendo sobre orientação – respondo.

– Que ótimo! – diz Laura. Esse é um de seus temas preferidos. Ela sempre faz preces pedindo orientação e conduz seus dias de acordo com seus ditames. – Livro novo? – pergunta.

– Como você sabe?

– É um bom tópico.

Conto a Laura sobre meu receio de esse ser um assunto místico demais. Ela ri. Como Bernice Hill, minha amiga analista junguiana, Laura acredita que o misticismo "está na moda".

– Quero estimular as pessoas a experimentar a orientação – digo, uma resposta ousada porque estou falando com Laura. – A orientação por escrito tem um valor inestimável – continuo. – As pessoas deveriam mesmo experimentar.

– Talvez experimentem – arrisca ela. – Você é boa em convencer as pessoas.

– Deus te ouça! – respondo.

– Acho que as pessoas estão prontas – afirma ela.

Seu otimismo me anima. Morando em Chicago, uma cidade muito conservadora, a própria Laura é ligeiramente "mística". Ela acredita em forças superiores e recorre a elas para aplacar suas muitas preocupações. Ela ora por familiares e amigos, fazendo questão de se lembrar de quem precisa. Costumo pedir que ore por mim e pelas minhas intenções.

– Fico sempre feliz em orar por você – diz ela. – Mas às vezes preciso de caneta e papel para anotar exatamente o que você pediu.

Imagino Laura consultando suas anotações. Suas orações são precisas e cuidadosas como ela. Loira, alta e esguia, Laura exala graça e bom humor. Digo-lhe:

– Então ore pelo livro.

– Ah, Julia, você sabe que vou – responde, encerrando nossa conversa.

E eu sei que ela vai mesmo.

Agora é a minha vez de telefonar. Escolho Jacob, que está lendo meu livro recém-terminado sobre oração.

"Até agora, tudo bem", diz ele ao atender meu telefonema, respondendo à pergunta que nem cheguei a fazer. Estou ansiosa para ouvir a opinião dele.

O livro sobre orações foi escrito ouvindo orientações. A cada dia que escrevia, eu pegava um dos sinais e escrevia o que "escutava". O livro fluiu bem, uma passagem guiada de cada vez. Escrevi diariamente durante um gélido inverno, com muita neve. Jacob é a primeira pessoa a lê-lo, e aguardo, ansiosa, seu veredito. Excelente escritor, confio na opinião dele. Ele afirma que gostou da abertura do livro e que "em breve" vai ler mais. "Em breve", é claro, não é rápido o suficiente. Depois de escrever o livro, fico ansiosa por leitores. Mas não qualquer um. Leitores cuja opinião valorizo. Por isso pedi que Jacob o lesse.

"Seu livro é ótimo", afirma ele. Fico aliviada e encantada.

Lá fora escurece. As montanhas desenham uma paisagem escura e proibida. Nuvens coroam seus picos. São 19h30 aqui e 20h30 em Chicago, onde mora minha filha, Domenica. Está na hora de Serafina, minha neta, ir para a cama. Ligo para lhe dar boa-noite:

– Boa noite. Sonhe com os anjos.

Serafina está inquieta, não quer dormir, e Domenica está toda atrapalhada. No entanto...

– Mãe, estou com saudades – diz ela. – O que você anda fazendo?

– Estou escrevendo meu livro sobre orientação – respondo.

– Acredito na orientação com todo o meu ser – diz ela. – Às vezes, é algo muito específico: vire à esquerda. – Ouço o riso alegre de Domenica do outro lado. – Tenho que dar atenção a Serafina – completa. – Vamos ter que conversar melhor sobre orientação. É muito útil escrever "Eu me pergunto sobre *tal coisa*." E depois escrevo.

– Mamãe!

Ouço Serafina suplicando a atenção da mãe. Amanhã é dia quatro de julho, seu aniversário. Ela está exausta, mas muito ansiosa.

– Vai lá cuidar dela – digo a Domenica, ansiosa por saber sua opinião sobre a orientação.

A lua crescente ilumina as montanhas. A noite está chegando. Pedindo orientação para uma última página, ouço uma voz que me diz: *Você já fez o suficiente, Pequena.* Confiando na minha orientação, acredito que sim.

É um dia quente e abafado de verão. As montanhas estão cobertas de nuvens. Vai chover, diz a previsão do tempo. Seria um alívio depois desse calor sufocante. Exausta, minha cachorrinha se entrega ao chão de cerâmica. Depois de uma breve caminhada no início do dia, ela voltou para casa, ofegante, e foi direto beber água. Meu amigo Nick Kapustinsky – escritor, ator, diretor, uma pessoa de muitos talentos – chegou para me dar uma aula de informática. Como eu estava com muito calor para me concentrar, dispensei a aula e comecei a conversar com Nick sobre orientação.

Ele escreve toda manhã e usa as páginas que escreveu para guiar seu dia. Coloca suas questões e perguntas no papel e, em troca, recebe diretrizes: tente isso, faça aquilo. Poeta habilidoso, Nick tece seus poemas de acordo com as orientações para moldar seus versos. Às vezes são rígidas, indicando com toda a clareza o que fazer. Rigoroso em suas caminhadas, muitas vezes ele parte rumo às montanhas, que se tornam alimento para sua poesia. Esguio e musculoso, escreve poemas igualmente enxutos. Utiliza a inspiração diária que lhe chega ao escrever suas páginas. Naturalmente disciplinado, ele raramente perde um dia de escrita.

"Eu faço perguntas", explica ele, e suas perguntas encontram respostas. Nick está aberto a orientações que às vezes são vagas e às vezes bastante específicas. Age com base nos sinais que recebe, e suas ações levam a uma vida adequadamente guiada.

*Andar com um amigo no escuro é melhor
do que andar sozinho na luz.*
– HELEN KELLER

∽

*Além das ideias de certo e errado,
Há um campo. Eu o encontrarei lá.
Quando a alma se deita naquela grama,
O mundo está preenchido demais para que falemos dele.*
– RUMI

"Aqui, garota. Isso, muito bem!", diz Nick chamando minha cachorrinha, Lily. Ela responde em êxtase, pulando para se equilibrar na perna dele, "abraçando-o". Ela nunca demonstra tanto êxtase quando me cumprimenta. "É porque ela te respeita demais", diz Nick. Respeito ou simples reticência, fico com ciúmes. Quero que ela me receba com a mesma alegria evidente. "Quer água fresca?", pergunto, enchendo o pote de água gelada. Nick se despede, prometendo voltar amanhã às quatro "para conversarmos mais sobre orientação".

Chegou a hora de dar minha caminhada na esteira; vou caminhar só 15 minutos hoje porque, com o calor que está fazendo, não consigo caminhar meia hora. Subo na esteira e ajusto a velocidade. Uma pergunta não me sai da cabeça, e sei que meu tempo na esteira provavelmente me renderá a resposta. "Qual é o papel da prece?", pergunto. E "escuto" a resposta.

*A prece é uma preparação para a orientação*, é o que me dizem. *Mas o seu pedido de orientação, em si, é uma prece.*

*É uma questão de receptividade*, continua a orientação. *Quando você ora, você demonstra humildade, e a humildade abre a porta para a orientação.*

Penso nas minhas páginas matinais e na humildade que elas trazem quando escrevo livremente sobre tudo. Sinto que são uma prece prolongada em busca de sabedoria. Enumeramos nossas preocupações e refletimos sobre o que fazer em relação a elas – e isso já é uma oração tácita. "Mostrem-me", pedimos às páginas.

Estamos pedindo orientação ao universo. Sem orar formalmente, estamos orando. O universo ouve nosso apelo por clareza e responde com palpites, intuições, direcionamento. Passamos a saber qual deve ser nosso próximo passo. A oração – pois as páginas são oração e meditação – abriu a porta para forças superiores. Somos guiados adiante. Somos guiados adequada e delicadamente. Assim, ao exercitarmos a humildade nas páginas, somos guiados a uma sabedoria superior.

## ESCREVA EM BUSCA DE ORIENTAÇÃO

Já experimentou escrever páginas matinais? Elas são a ferramenta de criatividade que ensino há mais tempo: três páginas escritas à mão pela manhã, sobre qualquer coisa. Para os milhões de adeptos que as praticam diariamente, elas abriram as portas para a criatividade, a inspiração e, sim, a orientação.

Acredito que as páginas matinais nos preparam para a escrita em busca de orientação. Amanhã, ao acordar, experimente escrever suas páginas matinais. Observe se elas vão lhe sugerir alguns assuntos sobre os quais pedir orientação. Escolha um deles e, ao terminar, peça orientação. Escreva o que escutar.

# Orientação de carreira

O dia amanheceu nublado; ao longe, as nuvens vão se acumulando aos poucos. A chuva finalmente desaba. Para minha alegria, gotas pesadas batem na minha janela. Ainda que breve, a tempestade é bem-vinda, um refresco para o calor sufocante.

Abro a porta para Nick Kapustinsky, que me cumprimenta dizendo:

– Você está tão bem!

– Hoje é um grande dia! – respondo. Explico que um longo imbróglio jurídico acabara de ser resolvido a meu favor. – Um dia memorável.

Nick tira o boné e começa a trabalhar no computador. Temos e-mails de agradecimento para enviar. Durante quase uma hora, resolvemos as pendências – mensagens de agradecimento a todos que me ajudaram num problema jurídico e uma mensagem de agradecimento a Emma Lively pela oportuna ajuda em meu livro de orações. Finalmente, após escrever para minha filha, Nick e eu saímos para levar a pequena Lily para passear, gratos pela breve chuva que aliviou o calor do dia.

– Sempre que tenho um problema angustiante ou urgente, escrevo sobre ele – diz Nick, retomando a conversa sobre orientação que tivemos no dia anterior. – Acho que escrever me ajuda a ter clareza – continua ele. – As páginas são ótimas para encontrar orientação.

Colocando seus dilemas no papel, Nick encontra uma sabedoria bem-vinda. Ele resume a prática da seguinte maneira:

– Escrever resolve as coisas.

Subimos por uma estradinha de terra e descemos por outra, com Lily na frente, puxando a coleira. Nick e eu a seguimos num silêncio confortável. A caminhada vai me deixando exaurida, enquanto Nick, acostumado a caminhar, parece ganhar energia a cada passo.

– Eu também escrevo para ter clareza – digo a Nick, pensando na orientação que me disse que escrevesse sobre oração, tarefa já concluída.

Se Susan Raihofer continuar gostando do meu livro, em seguida ele passará às mãos de Joel Fotinos, que é uma inspiração e meu editor de longa data. Aguardando o veredito dele a respeito do livro sobre orações, continuo escrevendo o atual. O acúmulo de páginas me enche de satisfação. Sou chamada a escrever, e atender a esse chamado me traz paz.

– Sabe que eu sei exatamente quando você está escrevendo? – comenta Nick, interrompendo meus pensamentos. – Você exala boa vontade.

Sorrio ao pensar que minha escrita tem um ar palpável. Nos dias em que Nick faz suas caminhadas, ele também exala boa vontade.

– Bem, de todo modo, as notícias sobre o livro são boas – continuo. – Minha agente está lendo e adorando. Espero que a opinião dela não mude no fim.

– Acho que não vai mudar – diz Nick, animado.

– Acho que o livro foi ganhando força à medida que avancei na escrita – comentei.

– Sendo assim, por que se preocupar?

– Pois é, mas vou continuar me preocupando até o fim, até minha agente dizer que terminou de ler meu livro e adorou.

Nick concorda. Como também é escritor, conhece muito bem a tensão que sentimos antes de ouvir a opinião de um agente sobre uma obra.

– Terei novidades amanhã – comento com Nick. E falo baixinho para mim mesma: – E a noite vai ser longa...

*No meio da confusão, encontre a simplicidade.*
– ALBERT EINSTEIN

Nick se despede, desejando-me sorte. Meu telefone toca. Do outro lado, minha amiga e colaboradora Emma Lively. Fico feliz quando atendo sua ligação.

– Emma – digo. – Você costuma pedir orientação por escrito?

– Bem – diz ela. – Às vezes, sim. Quando algo me preocupa, escrevo. Escuto e escrevo o que ouço.

– Você pede orientação sobre seus projetos de escrita criativa? – pergunto.

– Sim. Às vezes.

Emma faz uma pausa, esperando mais uma pergunta, mas estou ocupada imaginando-a em seu terraço, apoiada nas almofadas, anotando o que "escutou". Sei que Emma escreve diariamente as páginas matinais e fico feliz em ouvir que ela às vezes as usa como fonte de orientação. Conciliando vários projetos criativos, um musical e um filme de animação, ela com certeza precisa disso.

– E no resto do tempo? – insisto. – Você recebe orientação?

– Sim, recebo. Do nada me chega alguma coisa.

– Então a orientação por escrito não é sua única fonte?

– Não, mas talvez seja a melhor.

Agradeço a paciência de Emma com meus questionamentos. A diferença de duas horas em nosso fuso horário me leva a encerrar a ligação, e planejamos voltar a nos falar na manhã seguinte.

– Durma bem – despeço-me. – Até amanhã.

Hoje madruguei e estou mal-humorada. Quando não durmo o suficiente, passo o resto do dia cansada, grogue, sem energia. Hoje foi um desses dias. Passo a manhã com sono, apesar de ter tomado três xícaras de café. Não me atrevo a beber mais para não ficar agitada.

Mas o que é isso? Um telefonema matinal da minha agente literária, Susan Raihofer?

– Julia! – exclama ela. – Amei seu livro sobre orações!

Eu estava à espera do veredito dela, uma leitora rígida e perspicaz. A aprovação dela é importante para mim. É um bom presságio para o futuro do livro. Assim, desabafo:

– Que maravilha!

Terminada a ligação, energizada pelo entusiasmo de Susan, volto à minha orientação. O próximo passo agora é apresentá-lo a Joel Fotinos na St. Martin's Press. Leio: *Joel vai adorar o livro.*

Acho a orientação otimista. Claro que estou ansiosa para ouvir as boas-novas diretamente da boca de Joel.

Susan me liga novamente para dizer que só vai conseguir falar com Joel daqui a vários dias. "Ele é muito ocupado", me conforta ela. Escrevendo minhas páginas matinais, concordo. *Está na hora de tirar o pé do acelerador*, escrevo. Embora eu esteja ansiosa para ouvir a resposta de Joel, estou disposta a esperar o tempo dele. Ele vai ler meu livro assim que puder. Enquanto isso, tenho muito a escrever.

> *Que não se negligencie o próprio bem-estar em prol do outro, por maior que seja. Compreendendo claramente o próprio bem-estar, que se decida pelo bem.*
> – BUDA

## ESCREVA EM BUSCA DE ORIENTAÇÃO

Escolha um tópico em sua carreira em que você anseie por clareza, apoio ou direção. Escreva: "E quanto a *tal coisa*?" Depois escute e anote o que ouvir. Não se surpreenda se a orientação for sucinta, otimista e esclarecedora.

## Abraçando o otimismo

Venho pedindo orientação ao longo dos últimos trinta anos, e durante esse período os conselhos que recebi se mostraram confiáveis. Entretanto, costumo duvidar um pouco quando a orientação é otimista demais.

Falo bastante sobre orientação quando dou aulas. Aconselho meus alunos a experimentar a prática. E eles realmente experimentam. Ensino minha fórmula simples: escrevo as três páginas matinais para abrir as portas e me tornar mais receptiva, depois faço um pedido direto de orientação. Escrevo "LJ" – abreviação de "Little Julie". Em seguida, faço minha pergunta. Não importa se me dirijo a um "poder superior" ou simplesmente a "forças superiores", a recepção é sempre calorosa. A orientação que chega a mim é direta, reconfortante. Sou tranquilizada – *Você é guiada de forma adequada e delicada* –, e logo ela se volta para o assunto em questão: *Seu livro cairá em mãos afetuosas.*

Quando releio as orientações que recebi, considero-as positivas, estimulantes até. Seu tom é calmo, equilibrado. Escrevendo à mão, vou sendo guiada palavra a palavra. "Escuto" minha orientação, palavras e frases vão se formando na minha consciência. É algo que está mais para um ditado do que para a escrita propriamente dita. Há um fluxo constante de informações que só cessa quando encontro uma afirmação boa demais para ser verdade – e é aí que meu ceticismo desperta.

Não se deixe enganar: acreditar no positivo é um desafio e tanto. Todos temos um limite de quanto podemos ou estamos dispostos a aceitar. Quando essa linha é ultrapassada, quando algo é maior do que nosso amor-próprio nos permite aceitar, costumamos deixar a ideia de lado. Temos medo de que nos leve a uma fantasia. E nos sentimos tolos, como se fôssemos egoístas, "ousando" sonhar alto. Se a orientação que recebemos insistir em se manter positiva, como costuma acontecer, podemos resistir por completo a ela. Seguimos em frente, provavelmente afundados na depressão. Enfim encurralados por nossa melancolia, buscamos mais uma vez a orientação e, dessa vez, se ela é positiva, nos agarramos a ela como um náufrago se agarra a uma boia. A depressão se esvai e ficamos mais positivamente dispostos. Se ainda assim não confiamos no otimismo da orientação recebida, nós a preferimos à escuridão de descartar o que nos foi dito. Aprendemos que é melhor nos concentrarmos intencionalmente no positivo. Ouvindo-a, ainda que com relutância, concluímos, diante do nosso ceticismo, que o futuro, afinal, pode ser brilhante.

*Não esconda seus talentos. Eles foram feitos para o uso.
De que serve um relógio de sol na sombra?*
– BENJAMIN FRANKLIN

A lua vem surgindo por trás da montanha. Estamos na lua nova, e o formato de foice começa a aparecer. Recapitulo o que aconteceu de positivo no meu dia, prática que aprendi com minha amiga Jeannette. Encabeçando a lista, meu passeio com Lily. O calor hoje estava insuportável, e eu planejava dar apenas uma voltinha. Lily, Nick e eu nos arriscamos no sol escaldante, mas logo encontramos uma brisa fresca.

– Vamos andar mais um pouco? – perguntei a Nick.

Eu tinha dito que seria só uma voltinha.

– Como você quiser – respondeu ele.

Forte e robusto, Nick não tinha dificuldade de suportar um dia de muito calor. Caminhava com a maior tranquilidade.

– Então vamos – falei, e lá fomos nós: eu, Nick e Lily, subindo uma ladeira.

Havia uma estradinha de terra de uns 800 metros à nossa frente. Diante de um jardim cercado, um cão resolveu latir para nós. Lily latiu para ele, mas continuou caminhando e aproveitando a brisa.

– Como está indo o livro sobre orientação? – perguntou Nick, andando devagar e esperando minha resposta com toda a paciência do mundo.

— Está indo bem — respondi. — Estou na página 25. Você recebe orientação quando faz trilha?

Imaginei que a resposta seria positiva, mas Nick me surpreendeu.

— Não muito — respondeu ele. — O esforço é grande demais. Quando apenas caminho, às vezes recebo orientação, sim, mas em geral a orientação vem quando escrevo. Sim, escrever abre portas.

A culpa deve ter sido do calor. Senti-me totalmente desprovida de orientação à medida que acelerávamos o passo. Ao parar para recuperar o fôlego, observei que minha mente era uma página em branco. Nick tinha razão: o esforço excessivo esmaga a orientação. No caminho de volta, eu só conseguia pensar no próximo passo. Chegamos ao portão da minha casa e descemos a escadinha até o jardim. Com o calor, minhas rosas estavam murchas.

Entramos em casa. Nick colocou água fresca no potinho de Lily e a chamou, dizendo:

— Vem, bebe mais um pouco de água.

Satisfeito ao vê-la saciar a sede, ele se despediu e foi para casa a fim de preparar uma refeição para a família.

*

"Passeei com Lily", anotei no diário. A lua agora já estava bem mais alta no céu. "Malhei com Michele", acrescentei. E também: "Caminhei na esteira, apesar do calor." Em suma, meu dia teve vários aspectos positivos. De um modo geral, essa prática me tornou uma pessoa mais positiva. Deixei de ser uma daquelas pessoas para quem tudo é 8 ou 80. Se antes eu me criticava por fracassar, hoje elogio meus sucessos. Observei que todo dia traz algo de bom. Comecei a perceber que os aspectos positivos superam os negativos. Concentrando-me no que eu havia conquistado, e não no que não conseguira conquistar, mantive a depressão afastada. O otimismo substituiu o pessimismo. A esperança de futuro — um futuro baseado em dias positivos acumulados — começou a substituir os maus presságios. Jeannette me incentivou a me concentrar no que eu era capaz de controlar. Quando passei a fazer isso, comecei a me sentir menos vítima das circunstâncias e mais dona do meu destino. As coisas que eu era capaz de controlar podiam não ser numerosas, mas aos poucos iam se acumulando. No fim do dia, eu conseguira elaborar uma lista de coisas positivas. A balança pendia a meu favor.

## ESCREVA EM BUSCA DE ORIENTAÇÃO

Releia sua orientação. É otimista? Reconfortante? Útil?

Enumere três coisas positivas que aconteceram na última semana. Enumere três coisas positivas que aconteceram hoje.

Complete as frases a seguir:

1. Se eu pudesse abraçar o otimismo, eu acreditaria que...
2. Se eu pudesse abraçar o otimismo, eu esperaria...
3. Se eu pudesse abraçar o otimismo, eu tentaria...

*Conte as rosas, não os espinhos.*
— MATSHONA DHLIWAYO

# O ambiente doméstico

Hoje foi um dia muito abafado. Embora costume ser bastante fresca, minha casa de tijolinho estava quente e úmida. Não tenho ar-condicionado, mas tenho um ventilador grande. Levando-o comigo de um cômodo a outro, eu conseguia evitar o calor. Estava seguindo o conselho de Jeannette: "Concentre-se no que você pode controlar." Com o pôr do sol, a temperatura fica mais amena e a minha casa, mais confortável. Conversando com a minha amiga Laura, soube que em Chicago também havia uma onda de calor. Estava tão quente que ela não se atreveu a sair; preferiu ficar em casa, no ar-condicionado.

– Ainda bem que existe ar-condicionado – comentou.

Laura tinha o hábito consciente de se concentrar no lado positivo das coisas.

– Você escreve para pedir orientação? – perguntei.

– Ah, eu sei que deveria, e às vezes escrevo, mas neste momento a sua pergunta é um bom lembrete.

– Pois é, acredito que escrever ajuda – respondi a Laura com toda a delicadeza. – Escrevo para pedir orientação todos os dias, e a prática me ajuda a manter o equilíbrio.

– Talvez eu experimente de novo – disse ela, com um tom determinado.

Terminada a ligação, vou pedir orientação. Hoje, mais cedo, dei uma aula pelo Zoom para mais de 200 alunos sobre as páginas matinais. Um deles me pediu:

– Você poderia falar mais um pouco sobre orientação?

Então falei sobre minha prática de escrever três páginas matinais seguidas de um pedido de orientação. Expliquei que, na minha experiência, escrever as páginas me tornou mais receptiva. "Estou precisando de orientação sobre *tal coisa*", é o que costumo escrever, para em seguida prestar atenção no que chega até mim.

– Costumamos acreditar que é difícil receber orientação, mas na verdade é fácil. Basta ouvir – expliquei.

"Será que Laura vai escrever para pedir orientação?", perguntei, pedindo orientação.

*Depende dela*, respondeu minha orientação, relutante em sair do anonimato.

"Bem, espero que ela consiga", continuei. "Você poderia me dar uma luz?"

*Você precisa de um ar-condicionado*, foi a resposta que recebi. *Aproveite a dica de Laura.*

Assim, mudei o ventilador de lugar mais uma vez e pensei como seria bom se a casa tivesse uma temperatura mais... amena. Usando a minha oração da serenidade, reconheci que a temperatura era algo que eu poderia mudar. Eu só teria que dar mais aulas e economizar um pouco. Com o auxílio da orientação, decidi tentar.

*O otimismo é a cura para os pensamentos negativos.*
– MWANANDEKE KINDEMBO

∽

Lá fora, a temperatura está nas alturas, e dentro de casa faz muito calor. Tentei conseguir alguém para instalar o ar-condicionado, mas me disseram que o serviço vai demorar dez dias. Isso me irritou. Afinal, eu estava impaciente para que o serviço de instalação que eu contratara fosse feito. Enquanto isso, continuo usando meu ventilador e bebendo garrafas grandes de água gelada. Minha amiga Jeannette me aconselha a não me esforçar demais no calor. Por isso, decido não levar Lily para passear. Ela fica inquieta no calor, e eu encho o potinho dela de água gelada. O apetite dela, como o meu, parece ter diminuído. Lily não degusta a ração com o mesmo prazer. Tomei um mingau de aveia no café da manhã tardio, então nem consegui almoçar. Pretendo comer algo na hora do jantar, mas o calor me tira a fome. Só vou comer para não começar a tremer. O excesso de calor me deixa trêmula.

"Está bebendo bastante água?", pergunta Emma Lively ao telefone. Entusiasta dos benefícios da hidratação adequada, ela me estimula a beber muita água. Enchi minha geladeira de garrafas. E acho que meu estoque está se esgotando a uma velocidade impressionante. Decidi pedir orientação para saber se estou exagerando. Eis o que "escuto".

*Pequena, beber água é fundamental. Quando transpira, você perde líquido. Precisa beber água para repô-lo. Nesse calor que está fazendo, água nunca é de mais. Você faz bem em beber bastante água. Se estiver bem hidratada, vai ficar menos irritadiça. Você vai ver que bom humor e sanidade são frutos da hidratação adequada.*

Obediente, marcho até a cozinha e pego mais uma garrafa de água na geladeira. Bebo às goladas e, como prometido, me acalmo. Levo o ventilador do meu quarto para a biblioteca. Vou trabalhar no computador com uma temperatura mais amena.

Mas o que é isso? Meu computador foi infestado por formigas minúsculas. Reluto em matá-las, embora talvez seja a coisa mais acertada a fazer. De onde elas saíram, para onde vão? Resigno-me à presença delas, soprando o teclado para expulsá-las de lá. Formigas, este calor... a minha casa está meio inóspita. Vou até a sala e ligo para Emma Lively.

– Mandei ventiladores para você – anuncia ela. – Devem chegar na segunda. Enquanto isso, você pode levar o seu ventilador de cômodo em cômodo para onde for.

Emma cuida de mim. Sou grata pela sua atenção. Ela costuma prever minhas necessidades antes mesmo de eu saber que elas existem. Eu não teria nem comprado ventiladores, e agora estou ansiosa pela chegada deles. Eles vão deixar minha casa mais habitável enquanto o ar-condicionado não é instalado. Obrigada, Emma.

O sol está se pondo, começa a refrescar. A lua surge ao longe.

– Será que você vai conseguir dormir com todo esse calor? – pergunta ela.

– Tenho um ventilador grande – respondo, tranquilizando-a, e também a mim.

Comprei a casa no inverno e nem pensei que poderia passar calor. Hoje, olhando para trás, acho que eu não quis ver. Faz calor em Santa Fé no verão, e estou passando calor em Santa Fé. Minha orientação me diz que os ventiladores e a água serão suficientes. A previsão é que a onda de calor dure até segunda, quando entrará uma bem-vinda frente fria.

"É só até segunda", digo com meus pensamentos. Faltam apenas dois longos dias. Levo meu ventilador da biblioteca para a sala e me acomodo na poltrona para escrever. Vejo-me escrevendo sobre o calor, embora o cair da tarde traga uma brisa, fazendo balançar os pinheiros e aliviando a temperatura ao fim do dia.

*Aqueles que são considerados aventureiros*
*são naturalmente otimistas também.*
– MWANANDEKE KINDEMBO

Começo a ver a orientação como uma ajuda para olhar o lado positivo. Descubro, ao longo do dia, vários "momentos de escolha" nos quais posso escolher conscientemente ser positiva. Optando por notar e aproveitar esses instantes, começo a sentir, cada vez mais, que meu dia não é algo que me acontece. Eu é que aconteço. Começo a praticar a oração da serenidade – "Deus, conceda-me serenidade para aceitar as coisas que não posso mudar, coragem para mudar as coisas que posso e sabedoria para saber a diferença." Com a ajuda dessa simples oração, começo a organizar meus dias. Não desperdiço mais energia tentando mudar o que preciso aceitar. Para ter a sabedoria necessária para descobrir o que posso mudar, preciso focar – como recomenda Jeannette – no que eu posso controlar. Fazendo o que posso, aprendo a identificar o que não posso. Em outras palavras, "deixo Deus agir".

Escrevo um e-mail para Andrew Franklin, meu amigo e editor, que mora a mais de 100 quilômetros ao norte de Londres e está trabalhando de casa por causa da pandemia de covid. Durante um ano, ele publicou meu trabalho de boa-fé, sem contrato assinado, enquanto as pendências jurídicas não eram acertadas. Hoje, resolvidas essas questões, nossa troca de e-mails é intensa. A orientação me garante que Andrew é *um forte aliado*. Confiando nela, escrevo-lhe com frequência. Os e-mails que ele me envia de volta são animados, dignos de um escritor. "Como você acabou enveredando pela carreira de editor, não de escritor?", pergunto. Modesto, ele ignora meu elogio. Com a covid a todo o vapor na Inglaterra, Andrew está em minhas preces diárias. Ele continua são e salvo até hoje.

*Tive que encontrar amor e paz interior para abraçar minha história.*
– KIMBERLY ANNE BELL

Pronta para escrever, admiro a lua. Ainda pela metade, ela derrama sua luz prateada sobre as montanhas. Ilumina meu quintal e meu jardim, onde as rosas murcham, mas os lírios resistem. A chegada da noite é bem-vinda, aliviando o calor do dia. Ventilador ligado, garrafas de água ao lado, preparo-me para uma noite quente, mas suportável. Aliviada, troco as roupas suadas do dia por um pijama fresco. Censuro-me ao pensar no amanhã. A noite está fresca o suficiente.

*Um dia de cada vez*, dizem os sábios. E eu sigo o conselho deles. Em busca de orientação, levo a caneta ao papel e escrevo o que "escuto".

*Pequena, você está trilhando o caminho certo e muita coisa boa vem por aí. Concentre-se no positivo e você verá que ficará cada vez mais relaxada. À noite, a temperatura será mais amena. Com a ajuda do ventilador, você vai dormir bem e confortavelmente.*

Escuto a orientação com grande alívio. Depois de longos anos escrevendo para pedir orientação, aprendi que devo dar ouvidos a essa voz. Hoje, aceito de bom grado sua sabedoria. Está refrescando. O calor ardente de amanhã pode esperar até amanhã.

## ESCREVA EM BUSCA DE ORIENTAÇÃO

Escolha uma questão em seu ambiente doméstico que você queira mudar. Peça orientação e escute. Coloque no papel o que escutar. Há algo que você possa fazer?

## Todos temos dúvidas

O amanhã chegou e o calor voltou. Recebo uma ligação da minha amiga Scottie; ela me diz que foi a Albuquerque, onde a temperatura passava dos 40 graus. Em Santa Fé, os termômetros marcam 36 graus. Ouvindo o relato de Scottie, fiquei grata pela temperatura mais amena.

No fim da tarde, uma leve brisa balança as folhas do pinheiro. Está refrescando um pouco. Levei meu ventilador de cômodo em cômodo com Lily atrás, aproveitando o vento. Não a levei para passear durante o dia, estava muito quente.

"Amanhã esse calor vai melhorar", prometo a Lily, impaciente para sair, mesmo com todo o calor. Nick veio para a tão necessária aula de computador e, com pena de Lily, trocou a água do potinho dela.

"Não posso levar você para passear hoje, mas posso te dar carinho", murmura, parando para coçar a barriguinha dela. "Quer um biscoitinho?", pergunta, iniciando uma velha brincadeira dos dois e jogando um biscoito sabor fígado. Ela corre para pegá-lo, cheia de energia, apesar do calor.

"Muito bem, Lily", elogia Nick. Ela o adora, e gira ao redor dele, absorvendo suas boas vibrações. "Vejo você amanhã, às quatro", despede-se ele. "E você também, Lily."

Nick parte, e eu tenho uma longa noite pela frente. Busco nas páginas orientação sobre a melhor maneira de aproveitá-la.

*Você vai escrever livremente*, é o que a orientação me diz. *Palavras e ideias surgirão.* Duvido. Estou totalmente sem ideias e sem palavras. Estou pronta para jogar a toalha – chega de escrever por hoje – quando me ocorre que a dúvida é um tópico interessante. Por que, depois de tantos anos, ainda duvido? A orientação entra em ação.

*Duvidar faz parte da natureza humana, ouço. A falta de confiança faz parte da condição humana.*

"Mas por quê?", reclamo.

*A orientação é confiável, mas seu temperamento não é. Você tem seus altos e baixos.*

"Mas depois de todo esse tempo, eu deveria confiar!", respondo, em tom de lamento.

*A confiança vive se escondendo.*

"Mas por quê?"

*Você é humana e, como tal, é propensa a dúvidas. Faz parte do seu DNA espiritual.*

Percebo que minha confiança está me dizendo que é natural duvidar. Ressinto-me da constatação, mas também concluo que é verdadeira. Mais uma vez, minha orientação está se mostrando confiável. Espera que eu duvide e aceita a dúvida como algo normal e natural. Diante de tal realidade, entrego os pontos. Tudo bem então. Todos nós temos dúvidas.

> *Transito pela vida diariamente, acolhendo o amor*
> *de onde posso e dando amor a quem posso.*
> – KIMBERLY ANNE BELL

E assim me vejo duvidando de que a orientação vá mesmo me dar ideias e palavras. A única ideia que passa pela minha mente é a teimosia: a dúvida é um defeito de caráter. Fico envergonhada por ter tantas dúvidas. Uma nuvem cinza paira sobre mim. Faço um esforço para melhorar: não terei mais dúvidas.

Tentar não duvidar provoca em mim ainda mais dúvidas. O autoescrutínio leva à auto-obsessão. A auto-obsessão é dolorosa. Por fim, mais uma vez, me entrego. Tudo bem. Duvidar é normal e natural. Para a orientação, já é algo esperado. Não sou exceção à *condição humana*.

*O anseio de encontrar o próprio lugar está em todos nós, um lugar seguro onde possamos ser nós mesmos, sem questionamentos.*
– MAYA ANGELOU

Isso me leva à humildade; esta é uma lição de humildade. Estou sendo solicitada a ser uma trabalhadora entre trabalhadores, uma amiga entre amigos. Não sou melhor do que ninguém. Mas também não sou pior. Se questionar a orientação faz parte da natureza humana, tudo bem; afinal, sou humana. Mas o que é isso? A orientação me prometeu palavras e ideias e, veja bem, eu as estou encontrando. Ao escrever sobre a dúvida, experimento a fé.

*Você tem seus altos e baixos*, foi o que me disse a orientação. E a experiência de hoje foi exatamente essa.

"A orientação é precisa", me vejo pensando, superando temporariamente a dúvida. Porém, dessa vez sei que ela vai voltar, pois a própria orientação disse: *A falta de confiança faz parte da condição humana.*

## ESCREVA EM BUSCA DE ORIENTAÇÃO

Escolha uma área da sua vida na qual você esteja experimentando a dúvida. Pegue papel e lápis ou caneta e peça orientação sobre essa questão. Está começando a sentir um toque de fé?

# Aplacando a ansiedade

Anoitece. Uma brisa leve agita o pinheiro. O calor insuportável do dia começa a arrefecer. O ventilador ameniza o calor. Bebo um gole de água gelada e, da janela, observo as montanhas ao longe. Nuvens coroam os picos. O pôr do sol as tinge de laranja. A lua, quase cheia, domina o céu. Reservei duas horas para escrever. Acomodo-me na poltrona, segurando a caneta, com o diário aberto. Escrevo à mão, como de costume. Quando escrevo à mão, as palavras jorram. Coloco a caneta sobre o papel, pronta para começar. Vejo-me escrevendo sobre as nuvens que cobrem as montanhas. Será que vai chover? Ouço um trovão ao longe. A chuva seria um bom contraponto ao calor. Meu amigo Scott telefona. "Ouviu o trovão?", pergunta. "Pode ser que chova."

> *Lar é a palavra mais bela que existe.*
> – JOHN HAWKINS E WILLIAM PUTMAN

O vento chicoteia o pinheiro. Os passarinhos se refugiam nos galhos mais escondidos. Ouço mais um trovão a oeste. "O vento costuma soprar do oeste", diz Scott. "Estou à espera da chuva, aqui sentado no meu quintal, olhando além do muro."

Sentindo a aproximação da chuva, a pequena Lily se esconde debaixo do cabideiro. Ela tem medo de trovoada. O barulho dos trovões se aproxima. Pingos grossos de chuva batem em minhas janelas. "Graças a Deus", suspiro, aliviada. O calor tem sido sufocante. A chuva é bem-vinda.

*Sob nossos pés e ao nosso redor existem paisagens
de grande assombro e beleza.*
– WALT DISNEY

O telefone toca. É Jennifer Bassey, ligando do sul da Flórida para saber como andam as coisas. "Estou ligando agora porque vamos ficar lá fora umas duas ou três horas e não vou levar o celular. Queria que você soubesse que amo você."

A ligação de Jennifer é breve, mas bem-vinda. Eu pretendia ligar para ela mais tarde, mas agora vou esperar até amanhã. Vivo ligando para ela pedindo oração. "Estou envolvendo você em uma luz branca", diz ela, e suas orações são poderosas. Quando vou dar um curso, ela reza para que eu me saia bem. Costumo me sair bem e ligar para agradecer. "Imagina!" é a resposta que recebo.

Visualizo Jennifer fumando um charuto ao lado do marido, George, no deque da casa deles, na Flórida. Ambos com mais de 70 anos, eles são joviais e atraentes, e foram feitos um para o outro. As orações de George são tão poderosas quanto as de Jennifer. Ele reza diariamente durante uma hora, sempre. As horas que passam relaxando no deque são dedicadas à contemplação. O deque tem vista para o canal intercostal; ao longe, o oceano. Eles adoram fazer caminhadas. Caminham diariamente de 3 a 6 quilômetros antes de relaxarem no deque. Otimistas inveterados, eles formam um casal feliz; apreciam a companhia um do outro, cuidam um do outro.

"Voltamos a nos falar amanhã", despede-se Jennifer. Anseio pela próxima ligação dela, que, espero, será mais longa. A prática espiritual de Jennifer é rigorosa porém leve. Sua orientação a estimula a ser atenciosa com os amigos que estão longe – atenciosa como foi hoje.

A chuva foi breve. Lily sai de seu esconderijo e se alonga no piso da sala. Parece gostar do friozinho da cerâmica. Sua respiração é rítmica. Está adorando ficar deitada no chão.

"Será que Lily continua com muito calor?", peço orientação.

*Troque a água dela*, é o que ouço.

Dirijo-me à cozinha, pego uma garrafa de água na geladeira e despejo seu conteúdo no potinho dela. No calor, ela não para de beber água, secando o potinho de uma vez só. Torno a enchê-lo.

Meu plano hoje era escrever sobre ansiedade, mas o mau tempo atrapalhou. A intenção era dizer que a ansiedade podia calar a orientação, fechando o canal pelo qual ela flui.

"O que devo dizer sobre ansiedade?", pergunto agora.

*Diga que é letal*, é a resposta que recebo.

Letal? Será que isso não é meio dramático demais?

*A vida sem orientação é letal*, continua a orientação, ainda dramática.

*Quando estamos ansiosos, não conseguimos ouvir*, completa ela, e me vejo concordando, lembrando das vezes em que orei pedindo orientação e fui recebida por estática e silêncio. É verdade, constato, a ansiedade mata. Penso na pergunta que Jennifer me faz quando oramos. "Ansiosa? Respire fundo e conte até cinco. De novo. Seu diafragma está relaxando? Agora, sim, podemos fazer nossa prece."

> *Acredito em intuições e inspirações.*
> *Às vezes sinto que estou certo. Não sei se estou.*
> – ALBERT EINSTEIN

∾

> *Não tente compreender com a mente.*
> *A mente é muito limitada. Use a intuição.*
> – MADELEINE L'ENGLE

Assim, instruída por ela, aprendi a aliviar a ansiedade. "Respire", foi o que me disse Jennifer. Respirando profundamente agora, ouço a orientação me dizer: *A ansiedade é o inimigo. Respire fundo.*

A neblina cobre as montanhas. Chove fraco. O pinheiro reluz com os pingos da chuva. Graças aos ventiladores que Emma me mandou, a casa está um pouco mais fresca. Eles fazem um barulho chato, mas consigo abstrair.

Eu havia pedido orientação mais cedo, e fui muito bem-sucedida. Pedi que recebesse alguma mensagem do poder superior e ouvi: *Julia, estou ao seu lado. Você é guiada correta e cuidadosamente.* A orientação foi precisa e tranquilizadora. *Não há motivo para ansiedade, pois hoje lhe darei palavras e pensamentos.*

Acomodada na minha poltrona, aguardo a chegada de "palavras e pensamentos". Conversei com Scottie, que disse estar "ótima". Tanto na casa dela quanto na minha, caía uma chuva leve.

– Os cães estão amando o cheiro da chuva... – é o que ela diz. Conto que ainda não escrevi e ela me tranquiliza: – Está cedo. Você ainda tem muito tempo pela frente para escrever.

Reflito sobre a oração diária de Scottie sobre "tranquilidade e alegria". Claramente, mais uma vez, sua prece foi atendida. Sua voz rouca está calma quando ela pergunta como foi meu dia.

– Tive dor nas costas – respondo, relutante. – Mas já melhorou – apresso-me em acrescentar.

É difícil revelar coisas negativas diante do eterno otimismo de Scottie. Mas eu estava, e ainda estou, com dor nas costas, por mais que tenha melhorado. Hoje tive personal com Michele Warsa, que me passou uma série de alongamentos para soltar os músculos doloridos. "Você pode fazer esses alongamentos sozinha sempre que precisar", aconselhou-me Michele. É verdade, mas gosto mais de fazê-los com ela.

A dor nas costas melhorou e busco orientação de novo. *Faça os exercícios de alongamentos outra vez*, escuto. *Eles vão lhe trazer alívio.*

Mal-humorada, mas obediente, faço os alongamentos. E não é que a dor está quase sumindo? "O que seria de mim sem a orientação?", vejo-me falando com meus botões. Ela tem sido útil em várias áreas da minha vida. Quando peço orientação às forças superiores, sou tranquilizada: *Não se preocupe. Não vamos abandonar você. Estamos sempre a postos para ajudá-la. Peça nossa ajuda, será um prazer ajudá-la.*

Assim, confiante, volto-me para a escrita de hoje. "Corpo, mente e espírito andam juntos", vejo-me escrevendo, e penso na experiência que tive hoje, comprovando que isso é verdade. Minha mente ficou preocupada com a dor nas costas e meu espírito desanimou. Olhando pela janela para o pinheiro, sorrio diante da visão dos passarinhos que nele se abrigam. Como sempre, a natureza é um bálsamo.

– Fiz uma longa caminhada com minha cachorrinha – diz Domenica, minha filha, ao telefone.

A filhotinha, uma bernadoodle – mistura de bernese com poodle –, está ficando enorme. Em breve, é ela quem vai levar minha filha para passear, não o inverso. A caminhada deixa minha filha de bom humor.

– Não escrevi minhas páginas matinais hoje – confessa. – Foi bom poder sair para caminhar.

Minha filha costuma escrever todo dia suas páginas, recorrendo a elas em busca de orientação nos dias mais atribulados. Além disso, ela tem uma boa rede de amigos que a aconselham nos dilemas cotidianos. Hoje, ela ligou para uma amiga de mais de duas décadas para se aconselhar sobre a melhor forma de lidar com uma parente difícil.

"Fique longe dela", aconselhou a amiga. "Não a encontre." Assim, minha filha está adotando a prática de "refrear a língua e a caneta". Quando ela relata as grosserias da tia mimada e egoísta, repito o conselho da amiga e lhe digo que "fique longe dela". Minha filha me diz que a orientação que recebeu aconselha o mesmo. Digo a mim mesma: "Que sorte tem minha filha por desfrutar de orientação de muitas formas, escritas e faladas." Ao notar que estou me envolvendo nos problemas dela, escrevo em busca de orientação e sou aconselhada a *manter distância*. Assim, vejo minha ansiedade diminuir.

> *Quando chegas ao fim do que deverias saber,*
> *é lá que estarás no começo do que deverias sentir.*
> – KHALIL GIBRAN

Escrevo em busca de orientação há trinta anos. Ao longo desses anos, minha filha deixou de ser uma adolescente agitada e se transformou em mãe e esposa. Quantas vezes, ao longo da trajetória dela, não recorri à escrita em busca de conselhos? Hoje ela também é mãe e segue a prática das páginas matinais há 22 anos. Ao longo de sua jornada, sempre recorreu à orientação, fazendo um "levantamento" de seus sucessos e suas limitações, pedindo diariamente sabedoria para aceitar as coisas que não pode mudar e coragem para mudar as que pode. Observei-a traçando o próprio caminho na vida. Atualmente, feliz e casada com um homem digno, ela é mãe de uma menina cheia de energia, Serafina, hoje com 11 anos, nascida no Dia da Independência, data bem propícia ao seu temperamento.

> *O homem não se preocupa tanto com problemas reais quanto com ansiedades imaginadas sobre problemas reais.*
> – EPITETO

– Bem, vou manter distância então – diz ela, encerrando nosso telefonema. – Embora seja grande a tentação de repreender a minha tia.
– Então você não vai se envolver?
– Não. Não vou.
E assim desligo o telefone e agradeço a sabedoria que a orientação nos proporciona.

## ESCREVA EM BUSCA DE ORIENTAÇÃO

Complete as frases a seguir:

1. Estou sentindo ansiedade em relação a...
2. Minha preocupação é...
3. O que mais me causa ansiedade é...

Agora, escolha o tópico mais "intenso" da sua lista. Escreva em busca de orientação: O que devo fazer a respeito de *tal coisa*? Alguma solução lhe vem à cabeça?

# SEMANA 2

## *Um convite à força*

Nesta semana, você vai recorrer à orientação para pedir aconselhamento em assuntos referentes ao autocuidado. Vai buscar ativamente os aspectos positivos da sua vida e os comportamentos – e amigos – que os estimulam. Descobrirá que a orientação pode levar você a cuidar melhor de si e que, quando se compromete com isso, você ganha clareza e força. *Tratar a si mesmo como um objeto precioso vai torná-lo mais forte.* Ao aprofundar seu compromisso nessa área, você vai encontrar um amor-próprio renovado, que contribuirá para suas decisões benéficas. Você também vai se ver estabelecendo novos limites.

# Em busca do positivo

Há ratos na minha casa. Anthony, o faz-tudo, espalhou ratoeiras por todo lado. Hoje, ele veio aqui para ver como estavam e encontrou dois camundongos mortos, um na sala de estar e outro no banheiro. Eles estavam mortos, mas o medo tomou conta de mim. Haveria outros? Eu não queria nem pensar. Preocupada, busquei orientação.

"E os ratos?", perguntei.

*Você está acabando com eles*, foi a resposta. *Anthony é muito eficaz, e muito cuidadoso. Você vai ficar bem. Os ratos não representam uma ameaça.*

Assim, embora inquieta, resolvi escrever. Como sempre, sou grata à orientação que recebi. A palavra "acabando" foi como música para meus ouvidos. Acredito que ela escolhe as palavras com todo o cuidado.

Acomodada na poltrona, olho pela janela e admiro o pinheiro, que dança levemente na brisa vespertina. Além dele, consigo ver a grama e, além da grama, avisto as montanhas. O pôr do sol ilumina o pico das montanhas com sua luz dourada.

Hoje o dia foi bom. Susan Raihofer, minha agente literária, me ligou com uma excelente notícia: Joel Fotinos, meu editor, "amou" meu novo livro. Recebi o comunicado com alegria. A orientação havia me dito que o livro seria recebido "de braços abertos", mas, como sempre acontece ao receber boas notícias, vi-me tomada pela dúvida. "Amei o livro", dizia o e-mail de Joel para Susan, com todas as letras. Susan me encaminhou a mensagem e eu a li várias vezes, na tentativa de absorver as boas-novas. "Amar" é uma palavra forte. Na semana anterior, eu estava uma pilha de nervos à espera do veredito de Joel. Finalmente ele chegara.

Liguei para minha amiga Emma Lively, que editara o texto.

– Joel amou o livro – soltei.

– Parabéns!

Emma recebeu a notícia com entusiasmo. Ela também ficara uma pilha de nervos na semana anterior, à espera da opinião de Joel.

∽

Meu amigo Scott Thomas, ancião do povo Lakota, começa o dia com um pedido de orientação. Com uma oferenda de comida e café, ele pede aos seus ancestrais que guiem seu dia. Se tem perguntas, pede que sejam respondidas. Se tem problemas, pede que sejam resolvidos. Sóbrio há 34 anos, ele segue um caminho espiritual que o coloca em íntimo contato com o "mundo invisível", expressão que usa para designar a morada dos espíritos. Antes de começar o dia, ele tenta estabelecer um contato consciente com aqueles que se foram antes dele.

"Os espíritos cuidam de mim." É assim que Scott explica sua sensação permanente de estar sendo protegido. Homem grande, de modos delicados e suaves, ele usa os cabelos prateados em uma longa trança que lhe cai no meio das costas. Pendurada no pescoço, uma bolsa de couro cru repleta de amuletos de proteção.

"Acho que na língua inglesa não existem palavras para isso", afirma ele. "Antes, tínhamos muitos termos espirituais; hoje não temos mais. É difícil falar de espíritos e do mundo invisível sem parecer doido. O mundo espiritual é um espelho de nós – espírito e consciência. É claro que há espíritos que nos amam e nos guiam. A noção de que, quando uma pessoa morre, o amor dela por você desaparece de uma hora para outra é ridícula. Faz as pessoas terem medo da morte. É uma crença horrível. Acredito que o amor do espírito continua vivo. Sei que é assim. É mais fácil explicar isso em Lakota."

Scott é ao mesmo tempo gentil e persuasivo ao falar de suas crenças e práticas espirituais. Orando ao acordar, ele define o tom do seu dia. Ao longo do dia, a orientação continua, chegando a ele na forma de palpite, dica ou intuição.

"Sou guiado", afirma com simplicidade. Para ele, seguir a orientação é algo natural, normal. "É claro que existem espíritos que nos amam e nos orientam."

Nas suas oferendas matinais, Scott sinaliza ao mundo invisível sua crença nele e nos espíritos que o habitam, sempre atentos e protetores, sempre bondosos e sábios. Terapeuta por profissão, curandeiro por natureza, ele mistura suas crenças Lakota com modernas técnicas terapêuticas. Associa cerimônias de cura indígena com psicologia, e oferece aos seus pacientes um caminho peculiar para a saúde mental e espiritual. Conhece tanto as tradições Lakota quanto o que chama de "cultura dominante", por isso tem um próspero consultório que se destaca pela profunda compaixão com que cuida de seus pacientes. Por considerar desumana a maior parte da vida ocidental, mistura seu trabalho com a linhagem espiritual de seus ancestrais. A orientação o guia em seu estilo de cura pessoal, peculiar. Ele é grato aos espíritos por isso.

*A intuição é como ler uma palavra sem precisar soletrá-la.*
– AGATHA CHRISTIE

*Totalmente calmo dentro de si, um bhikkhu não busca paz no outro; para aquele que está em paz consigo, não há nada a segurar, menos ainda a deixar de lado.*
– BUDA

Acostumada a se levantar cedo, Emma Lively saúda o dia por escrito. Ela escreve as páginas matinais em busca de orientação para o dia que tem diante de si, e a orientação lhe chega pelas próprias mãos. "Não sei ao certo o que fazer a respeito de *tal coisa*", reflete ela, e a resposta logo chega. Pode ser uma orientação específica ou algo mais sutil, um palpite ou uma intuição. Ao longo dos anos em sua prática diária, Emma passou a confiar na orientação que recebe. Seguindo-a, sua vida se desenrola calmamente, repleta de criatividade e amigos.

"Emma é tão solar", observa uma colega. "É de um otimismo sem fim." Isso se deve à sua prática matinal. Ela confia que sua orientação vai guiá-la adequada e delicadamente. Sempre que encontra uma dificuldade, "recorre às páginas". É lá que recebe suas respostas. Escritora e compositora, anota tudo o que "escuta". Seus talentos são aprimorados pelas páginas. A orientação lhe dá inspiração. Ela floresce, uma página de cada vez.

Com uma filha pequena, Victoria é mais uma adepta das páginas matinais. Acorda cedo, antes da filha, e corre para escrevê-las.

"Quando escrevo, meus dias são melhores", afirma Victoria. Suas páginas são preciosas para ela, e nos dias em que a filha acorda primeiro Victoria sente falta de escrever.

"Sim, elas me dão orientação; escrevo sobre toda e qualquer coisa, e as páginas me dizem o que fazer em relação às minhas questões." E acrescenta: "Estou treinando minha filha: 'Mamãe está escrevendo.'"

A filha de Victoria está chegando lá. Está aprendendo que, nos dias em que a mãe escreve, fica com um humor melhor.

"Às vezes acordo às 5h30 da manhã só para escrever", confessa Victoria. Dividindo-se entre a maternidade e a carreira de diretora, ela precisa, e muito, da ajuda que a orientação lhe dá. A prática das páginas lhe oferece apoio. "Coloco minhas prioridades em ordem", afirma. "Elas me dizem o que fazer e como fazer."

Além dessa prática, Victoria também tem o hábito de fazer o que chama de "caminhadas da sanidade". Caminha mais de um quilômetro e meio de casa até um parque próximo. Exercitando as pernas, ela relaxa a mente. Ao refletir sobre a orientação que recebeu pela manhã, ela elabora um plano de ação. E depois de voltar para casa cheia de energia, põe mãos à obra e começa a dar conta de sua lista de afazeres. A orientação lhe diz o que deve vir primeiro. Criando a filha pequena e um cãozinho que adotou recentemente, Victoria tem um dia cheio. Seja supervisionando a aula de piano da pequena ou ensinando comandos básicos ao filhote, ela se vê escutando a orientação para realizar a tarefa em questão. Suas páginas matinais abordam as muitas questões que enfrenta ao longo do dia. Quando chega ao fim, ela faz uma lista dos muitos pontos positivos. A orientação a levou a ser mais ativa e produtiva. Ao anoitecer, ela está exausta, mas satisfeita.

∽

Seguindo um caminho espiritual há 58 anos, minha amiga Julianna McCarthy pratica a escuta ativa como forma de orientação. Treinada pela própria prática a ajudar e servir aos outros, ela o faz escutando, com sensibilidade às provações e aflições das pessoas que atende. Abençoada com excelente humor, Julianna costuma oferecer uma observação curta e incisiva para resumir e descartar as dificuldades. Vive intencionalmente "um dia de cada vez", e defende a sabedoria encontrada em viver a vida devagar, conforme ela acontece. "Será que isso é de fato importante?", é o que às vezes questiona quando está diante de um rosário dramático de dificuldades desproporcionais. "Uma coisa de cada vez", é o que aconselha quando a vida da pessoa está um caos por conta de prioridades erradas. Ainda que não seja abertamente religiosa, ela pode perguntar objetivamente: "E onde fica Deus em tudo isso?" Devidamente repreendida, a pessoa pode buscar uma dimensão espiritual em um problema aparentemente mundano.

"Adoro o humor de Julianna", declara uma pessoa grata por ter recebido sua sabedoria. "Coloca as coisas em seu devido lugar."

Aos 90 anos, Julianna é, de fato, uma idosa sábia, que leva a vida com graça e sagacidade.

*A crença consiste em aceitar as afirmações da alma;*
*a descrença, em negá-las.*
— RALPH WALDO EMERSON

## ESCREVA EM BUSCA DE ORIENTAÇÃO

A prática de expressar gratidão conscientemente é uma poderosa ferramenta espiritual que nos coloca em contato com o poder da nossa orientação. Complete as frases a seguir:

1. Uma pessoa por quem sinto gratidão é…
2. Na minha carreira, sinto gratidão por…
3. Sinto gratidão pelo fato de minha orientação…

# O poder de desacelerar

No auge de sua capacidade criativa, aos 70 e poucos anos, Michael é um homem que fica tenso facilmente. Ainda que isso seja uma informação "confidencial", ele usa um marca-passo que estabiliza seu coração. O aparelho ajuda, é uma "dádiva de Deus", mas é a sua prática de meditação que mais o auxilia.

"Pratico vinte minutos de meditação duas vezes ao dia ", explica Michael. "Antes de meditar, eu era uma clássica personalidade do tipo A, vivia acelerado. Era por natureza uma pessoa aflita, sempre preocupada, imaginando algo terrível, um cenário de desgraça iminente. Quando descobri a meditação, tornei-me uma pessoa muito mais calma."

Michael ri da própria história. A calma claramente o aliviou. "Antes de meditar, eu vivia sempre correndo, de projeto em projeto, como um cachorro correndo atrás do próprio rabo. Depois que passei a meditar, aprendi a desacelerar. Comecei a acreditar que havia tempo de sobra. Descobri que podia dar um passo de cada vez. O projeto certo estaria lá quando eu chegasse."

Casado cinco vezes, Michael pulou de cônjuge em cônjuge, de relação em relação. Meditando, percebeu que estava substituindo um problema por outro. "Parei de correr", diz ele. "Ao desacelerar, comecei a dar valor à minha mulher. Ela aguentou tanta coisa comigo…"

Empresário talentoso, Michael vivia atrás de bons assistentes. No entanto, era praticamente impossível acompanhar seu ritmo. Ele contratava e demitia pessoas de uma hora para outra. "Eu era impossível", diz ele sem rodeios. "Nunca enxerguei meu papel nas situações. Nunca percebi que era eu que os levava a isso."

*Para confiar nas suas vibrações, antes você precisa ser capaz de senti-las –
e, para isso, tem de acalmar a mente.*
– SONIA CHOQUETTE

"Deixei de ser um filho da mãe", afirma ele. "Comecei a ouvir maneiras mais suaves e gentis de fazer as coisas." Para sua surpresa, esse novo jeito pareceu funcionar.

Durante décadas uma estrela na sua área, Michael se tornou muito mais do que uma mera estrela. Começou a mentorar recém-chegados talentosos. Se antes era um figurão, tornara-se agora um homem de caráter. À medida que foi desacelerando, o seu tino para negócios, sempre apurado, foi se tornando ainda mais aguçado. A orientação que recebia lhe indicava oportunidades.

"Acho que estou mais inteligente", afirma Michael. "Ou talvez esteja mais sábio." Mais inteligente ou mais sábio, Michael deve essa mudança de atitude à orientação que vem recebendo. Vinte minutos duas vezes por dia lhe proporcionaram uma vida mais plena e mais rica.

"Quando diminuí o ritmo, minha sorte acelerou", afirma Michael. "A meditação funciona. Agora conto com ela."

São 7h30 da noite. As montanhas vão se tornando dobras escuras.

Meu pinheiro balança com suavidade na brisa crepuscular. É o fim de um dia longo e ruim. Acordei cedo e não consegui voltar a dormir. Levantei-me, cansada, e bebi duas canecas de café na esperança de despertar. O café era forte, mas o meu cansaço era mais. Ao meio-dia, voltei a me deitar na esperança de conseguir tirar um cochilo reparador. Não tive essa sorte. Fiquei me virando de um lado para o outro, sufocando com o calor do meio-dia. Após uma hora de inquietação, levantei-me e experimentei tomar mais café. Era como se faltasse cafeína. O café não fez efeito nenhum. Passei o resto da tarde cansada e irritada.

Ainda que tardiamente, ocorreu-me pedir orientação. O que ouvi foi: *Não force a barra. Hoje é um daqueles dias em que o esforço é contraproducente. Faça uma pausa e pare de forçar. O seu mau humor vai diminuir se* você for gentil consigo mesma. Beba água. Sente-se perto do ventilador. Permita-se hidratar-se e se refrescar. O tempo quente contribuiu para o seu mau humor. Por isso, agora, descanse, descontraia-se e não se cobre tanto.

A orientação me tranquilizou. Percebi que estava me cobrando muito, tentando ser produtiva apesar do meu estado de espírito. Diante da mensagem gentil que recebi, deixei-me levar. Meu amigo Scott Thomas ligou e, quando lhe contei minha irritação, foi compassivo. "Julia, tem dias em que estou no fluxo e outros – como o seu hoje – em que estou totalmente fora de sincronia. Afinal, hoje é sexta-feira, o fim de uma semana longa e estressante. Você estava aguardando notícias do seu livro. Essa espera é difícil. As notícias foram boas, mas anticlimáticas. Deixe que a semana termine e pronto."

Fiquei grata a Scott pelo conselho. Terapeuta talentoso, ele é especializado em acabar com a ansiedade. Suas palavras foram um bálsamo calmante para mim. Vi-me pensando na sorte que seus pacientes tinham ao experimentar sua compaixão, tão gentil. O conselho que ele me deu foi: "Desacelere."

O tempo mudou. Enquanto eu estava conversando com Scott, caiu uma tempestade. A pequena Lily, inquieta com o temporal, rodou pela sala de estar em busca de refúgio. Ela se assusta com trovoadas, e havia trovões e relâmpagos. Nuvens de chuva encobriam as montanhas. O pinheiro ondulava ao vento. Enquanto os ramos exteriores balançavam de um lado para outro, os interiores mantinham-se firmes, oferecendo um refúgio seguro para os passarinhos pequenos. Lily fez uma pausa para olhar pela janela. Alguns corvos intrépidos voavam em círculos, apesar da tempestade. O pinheiro sacudiu seus ramos. As gotas de chuva brilhavam na luz que se ia apagando.

*Você nunca vai encontrar o arco-íris se ficar olhando para baixo.*
– CHARLIE CHAPLIN

"O que é que eu faço à noite?", perguntei à orientação, aliviada ao constatar que o mau humor estava melhorando.

*Permita-se escrever*, respondeu a orientação. Assim, pousei a caneta na página e comecei a fazer anotações sobre as condições do tempo. A tempestade foi breve. Aninhada aos meus pés, Lily relaxava. Relâmpagos esparsos marcavam o fim da tempestade. O aguaceiro tinha arrefecido o calor sufocante. No jardim, meus orgulhosos lírios beberam as gotas com gratidão. As rosas também beberam, e o piso do quintal, escuro e molhado, brilhava.

"Bravo!" Respiro, feliz com o frescor trazido pela chuva. Meu humor passou de azedo a doce. Deixo-me ficar simplesmente na página, olhando pela grande janela para o céu que escurece. Lily se mexe e se dirige à porta. Percebo sua indecisão: "Será que devo sair?" Ela sai. A tempestade deixou uma névoa fresca atrás de si. Depois do calor do dia, é bem-vinda. Lily se aventura e depois entra. Seu pelo está úmido. Vou até a cozinha para ver se está tudo bem. As tigelas de comida e de água estão cheias. Satisfeita por Lily estar bem-tratada, fecho a porta e tranco-a em casa para passar a noite. Estamos as duas seguras e aconchegadas. Felizes.

## ESCREVA EM BUSCA DE ORIENTAÇÃO

Muitas vezes, quando diminuímos o ritmo, descobrimos que abrimos a porta para a orientação e a inspiração. É um paradoxo o fato de as respostas parecerem surgir do nada e, muitas vezes, com grande rapidez quando desaceleramos.

Pergunte à sua orientação o que você pode fazer para aliviar a pressão sobre si mesmo. Pode fazer uma pausa ou tirar um cochilo? Consegue adiar um prazo? Pode se permitir um dia inteiro "livre de expectativas", em que não exija nada de si?

O que sua orientação lhe diz? Que tal experimentar?

# A inspiração dos amigos

Victoria tem 40 e poucos anos e segue um caminho espiritual desde os 21 anos. Seu caminho ensina a meditação como um componente primordial da espiritualidade. Meditando diariamente, ela recebe orientação e é obediente ao que lhe chega – às vezes na forma de uma palavra falada, outras vezes, mais sutilmente, como palpite ou intuição.

"Eu acredito na orientação", afirma Victoria. "Quando medito, eu me abro para as dimensões espirituais. Sou orientada sobre como conduzir meu dia, guiando-me um passo de cada vez."

Victoria é mãe de uma menina de 8 anos que é precoce e tem momentos frequentes de rebeldia. Sua prática de meditação a orienta sobre a melhor forma de lidar com o temperamento da filha. Ela é guiada à paciência e à sabedoria. Quer ser uma boa mãe, e a orientação que recebe lhe ensina a lidar melhor com isso.

Às vezes, ela é rigorosa. Em outros momentos, é mais tolerante, seguindo as dicas de sua orientação interior.

"Eu dependo da orientação", explica Victoria. "Ela me ensina como ser uma boa mãe. A segunda metade do meu dia costuma ser difícil. Se acordo cedo, estou cansada. A orientação me ajuda a me controlar."

Muitas vezes cansada das travessuras da filha, Victoria começa suas noites desejando tranquilidade. Mas, com frequência, não é isso que a filha tem em mente. À medida que se aproxima a hora de dormir, ela parece ter um segundo fôlego. Victoria se vê esforçando-se para ouvir a orientação.

"E agora?, eu sempre pergunto", relata ela. É nesse momento que a orientação entra em ação mais uma vez. Ela tem um pensamento intuitivo. *Experimente ler*. Assim, obediente, ela persuade a criança a se acalmar e ouvir uma história. Lendo em voz alta, Victoria fica aliviada. Seu cansaço se dissipa à medida que ela entra em contato com um reservatório interior de graça.

"Boa noite, querida", murmura para a filha. A orientação do dia lhe serviu muito bem.

∽

Jacob Nordby é um homem genial. Barbudo e musculoso, vestido de forma casual, é afável ao falar com desenvoltura sobre sua prática de orientação diária.

– Eu acordo em paz – começa ele. – Descanso por um momento naquele limiar entre o sono e a vigília, ouço o que me chega, às vezes relembrando os detalhes de um sonho. Então me levanto, abro a porta e deixo meus gatos entrarem. Aproveito para alimentá-los enquanto preparo uma xícara de café. Tiro algumas cartas do oráculo, buscando orientação para o dia. Em seguida, me acomodo para escrever as páginas matinais. Depois das páginas, passo para a meditação. A orientação chega até mim por meio das minhas páginas e da minha meditação. Se eu fizer essas duas práticas, descubro que a orientação continua a chegar durante todo o dia.

Jacob faz uma pausa, reunindo seus pensamentos.

– Posso colocar tudo isso por escrito – completa, oferecendo ajuda. Escritor talentoso, ele passa prontamente para a página.

*Em alguns casos, é preciso acreditar para ver.*
– MADELEINE L'ENGLE

∽

*Intuição é a noção de saber agir espontaneamente,
sem precisar saber por quê.*
– SYLVIA CLARE

– Seria ótimo – respondo, e aceito sua oferta, interessada em saber mais detalhes que sua escrita possa revelar.

– Nem sempre foi assim – confessa ele. – Isso só vem acontecendo nos últimos anos. Antes do que pode ser chamado de meu "despertar espiritual", eu acordava sobressaltado todo dia.

Tento imaginar Jacob em sua vida pré-espiritualidade. Segundo sua própria descrição, ele era um homem motivado que trabalhava febrilmente pelo sucesso – a casa própria, o carro, o cargo. Conhecendo-o agora, é difícil imaginá-lo naquela época. Hoje, ele está firmemente enraizado em um caminho espiritual. Pede orientação e a experimenta.

– Agora estou atento à sincronicidade – diz ele. – Certo dia, tirei a carta do beija-flor. Mais tarde, quando eu estava procurando um novo apartamento, vi um beija-flor e pensei: "É esse."

Guiado pela intuição e pelos sinais, orientado por mensagens sobre seu caminho, Jacob hoje é um homem calmo e terno. Leva a vida seguindo a orientação que recebe, enquanto antes vivia guiado por uma ambição cega.

– Acredito em oração – diz ele suavemente.

Jacob reza pedindo orientação e a recebe. Reza pelas próprias intenções e pelas intenções de outros. Peço a ele que reze por mim quando vou dar uma aula. Quando me saio bem, ligo para agradecer.

– Sim – diz ele. – Pedi que tudo corresse bem. Fico feliz por ter sido assim.

Jacob ora quando lhe pedem que ore e, às vezes, porque a orientação o leva a isso.

– O que está acontecendo com você? – pergunta ele. – Senti certa agitação hoje pela manhã, e resolvi colocar você em minhas preces.

A orientação que Jacob recebe é incrível. Quando ele é solicitado a orar, as orações são sempre necessárias. Sua intuição é precisa e, falando por mim, sempre bem-vinda.

– Ore por mim, pela minha escrita – peço a ele às vezes, diante de um tópico particularmente desafiador.

– Com todo o prazer – responde Jacob, e quando escrevo sinto a força de suas orações.

Às vezes, nós dois damos aulas juntos, ambos pedindo orientação quanto ao andamento do curso. E quando as aulas transcorrem sem problemas vemos que essa prática vale a pena. Nós nos revezamos na liderança, formando uma dupla ágil.

– Então é isso – conclui Jacob. – Eu confio na orientação.

Embora não diga, ele acredita que "a orientação é o que importa".

O mesmo pode ser dito de James Dybas. Um homem bonito de quase 80 anos, que aparenta ser muito mais jovem. Dançarino na juventude, continua em boa forma física, orgulhando-se de sua extenuante rotina de exercícios. Há 42 anos, pratica um caminho espiritual centrado na oração e na meditação. Quando lhe perguntam se ele reza para pedir orientação, ele responde: "Sim, é claro. Eu oro e medito. A orientação chega a mim principalmente na meditação. Aquieto minha mente e recebo uma dica para fazer algo. O mais importante é estar aberto a ela. Limpe sua mente e livre-se dos ruídos dentro da sua cabeça."

*A coragem é a mais importante de todas as virtudes, pois sem ela não se pode praticar nenhuma outra virtude com consistência.*
– MAYA ANGELOU

*Sua vontade de enfrentar seus demônios fará seus anjos cantarem.*
– AUGUST WILSON

James faz uma pausa e pensa. Depois continua, articulado e eloquente. "O mais importante é a parte de ouvir. Todos nós temos uma vida muito corrida – redes sociais, notícias, televisão, computador. Tudo isso toma tempo, por isso precisamos conscientemente reservar um tempo para ouvir. Sigo uma prática física chamada Qigong, uma antiga prática chinesa. Os movimentos são lentos. Você se movimenta para extrair energia do ar, daquilo que está ao seu redor. Você se centra, concentrando-se no agora. A orientação vem na quietude do momento."

James faz uma nova pausa e, em seguida, explica sua prática matinal. "Faço a leitura de um texto de espiritualidade, vinte minutos de meditação. Rezo: 'Guie-me. Permita-me fazer a escolha certa com as informações de que disponho'. Descobri que meus instintos costumam estar certos. Peço: 'Permita que eu enxergue com clareza e ajude-me a saber o que devo fazer a seguir.'"

James respira fundo e continua. "Descobri que faço muitas escolhas certas se tiver tempo para organizar e limpar a mente – eliminar os ruídos da cabeça. Também sou bom em fazer o dever de casa, em perguntar: 'O que está me atrapalhando?' Sou bom em selecionar as coisas necessárias para fazer a escolha adequada. Acho que sou guiado na mesma medida em que dedico tempo ao silêncio. Assim, você é guiado quando acredita que o que está ouvindo o leva para o caminho certo."

Fazendo uma terceira pausa, James se expressa mais uma vez. "À medida que envelhecermos, quanto mais ferramentas tivermos, mais fé teremos na orientação – que é a consciência de Deus." Ele acrescenta uma nota de rodapé. "Espero ter ajudado."

∽

Emma Lively é adepta das páginas matinais há mais de vinte anos. Loira platinada, esbelta e de olhos azuis, ela começa a escrever ainda de pijama. Ela leva a sério a diretriz de que as páginas devem vir antes de qualquer outra rotina matinal – menos o café. Quando a convido para conversar comigo sobre orientação, ela fala com entusiasmo, derramando palavras para expressar seus pensamentos. A orientação é importante para ela, e ela a pratica de várias maneiras.

Há as páginas matinais, três páginas escritas à mão sobre toda e qualquer coisa. "Faço perguntas nas páginas matinais e depois ouço as respostas. Eu talvez devesse fazer mais perguntas. Faço minha pergunta e depois escrevo as respostas. Faço uma pergunta específica e recebo uma resposta específica."

Emma faz uma pausa para organizar os pensamentos. Continua. "Para mim, a orientação também acontece quando estou caminhando. Às vezes, dou uma caminhada durante o dia. Saio de casa com uma pergunta ou pauta específica. A resposta vem enquanto caminho. Às vezes, dirijo a pergunta a uma pessoa específica. Outras vezes é mais geral, não a uma pessoa específica. De qualquer forma, a orientação chega até mim."

Emma faz outra pausa, refletindo. E continua: "Minha intuição sempre foi forte. Sempre a usei. Ela tem sido guiada e forte. Antes mesmo de ter um nome para ela, eu a usava. Mais tarde, obtive ferramentas, escrevendo perguntas e respostas. Quando estou calma, geralmente sou guiada. A orientação que recebo é tranquila, simples e direta, não muito longa."

Emma tem um último pensamento importante. "Minha orientação é otimista. Tenho a forte sensação de que tudo está bem, de que algo vai dar certo."

Assim, durante vinte anos, Emma entra em sintonia com a orientação. Isso lhe deu a convicção de que vivemos em um mundo benevolente.

> *É difícil encontrar a paz no mundo exterior*
> *quando não estamos em paz com nós mesmos.*
> – DALAI LAMA XIV

∽

Alta, serena, de cabelos sedosos, Laura Leddy depende da orientação que recebe. Quando lhe pedem que fale sobre o assunto, ela diz: "Acho que sou uma pessoa muito reservada. É a primeira vez que falo sobre orientação."

Pegando a si mesma de surpresa, ela exclama: "Eu recebo orientação. E como! Ela me vem quando estou calma ou quando estou realizando alguma tarefa repetitiva – preparando uma refeição que já preparei muitas vezes antes, cortando legumes, algo rotineiro, quando não estou tagarelando na minha cabeça."

Laura continua com firmeza. "Eu medito. Faço algumas meditações guiadas há anos e, com isso, me sinto calma e aberta ao fluxo. Quando chega uma mensagem, eu a ouço claramente."

Ela prossegue, falando sobre as práticas que inclui em sua rotina. "Olho para uma foto de meus avós ou me lembro de uma interação amorosa com eles. Faço um pedido específico aos meus avós ou tias, a alguém que já faleceu. Se eu tiver uma pergunta – algo como 'Diga o que fazer com o carro' –, eu lhes dou um oi espiritual e peço orientação."

Laura reflete sobre como a orientação chega até ela e explica: "A orientação vem na forma de palavras, ou pode ser que uma imagem repentina me venha à mente – digamos, uma carteira –, e penso: 'Ah, preciso ter cuidado com meus gastos.' Ou digamos que seja uma imagem de materiais artísticos, tintas, pincéis, telas. Penso: 'Está na hora de pensar em voltar a pintar.'

"Quando escrevo as páginas matinais, elas costumam me trazer orientação. Em geral, de um jeito tranquilizador, alinhado ao meu sistema de valores. Pode não ser na linha que eu imaginava, mas é sempre proveitosa."

Laura dá uma risadinha e confessa: "De vez em quando, dou uma olhada em leituras de cartas de tarô on-line. E aí tenho uma sensação boa, se não da leitura completa, de dois ou três elementos. Então minha intuição fica mais aguçada e penso: 'Eu deveria entender isso.' É algo leve, mas às vezes faz sentido."

Depois de fazer uma pausa para refletir sobre suas impressões, ela continua: "Eu conto com a minha orientação. Especialmente se alguma coisa estiver me causando sentimentos conflitantes. Digo: 'Estou em busca de clareza.' Então eu peço e recebo."

Laura continua: "Para mim, a orientação também faz parte da oração. Quando oro, recebo orientação. Nem sempre sei de onde vem, mas ela chega. Orientação celestial. Meu ambiente me afeta. Em certos momentos do dia, a luz em meu apartamento é muito bonita. As sombras são lindas. Sento-me na poltrona e me tranquilizo. A luz é muito calmante uma hora antes do pôr do sol. E assim também recebo orientação."

Concluindo seus pensamentos, Laura fala, suavemente: "Eu rezo para o meu anjo da guarda pedindo orientação, que ele me mantenha no caminho certo e que me alerte quando for necessário. Às vezes, rezo para Maria. Quando estou triste, estranhamente, rezo para Jesus. Meus hábitos são rotinas que desenvolvi ao longo da vida toda. Tenho um livro de frases inspiradoras. Abro-o em uma página qualquer e encontro uma mensagem para mim. Sim, posso dizer que tudo isso funciona."

## ESCREVA EM BUSCA DE ORIENTAÇÃO

Quem, entre seus amigos, segue alguma prática espiritual que você admira? Vocês podem marcar um encontro para tomar um café e conversar sobre isso? Complete as frases a seguir:

1. Uma pessoa que parece ser guiada em sua vida é…
2. Alguém com quem eu poderia conversar sobre orientação é…
3. Se eu tivesse coragem, pediria…

Agora, peça orientação. O que você poderia fazer para se conectar com alguém com quem possa conversar sobre orientação?

*O prazer sempre vem de algo externo,
ao passo que a alegria vem de dentro.*
– ECKHART TOLLE

# Trabalho orientado

Faz calor, mas um vento refrescante passa por entre as árvores. Concluímos as tarefas do dia, Nick e eu, e decidimos enfrentar o calor e sair para passear com Lily. Talvez o vento diminua a temperatura.

Lily está ansiosa para sair. Ela adora.

– Ok, Lily – digo, e ela corre na direção do cabideiro para pegar a coleira.

Coloco a coleira nela e saímos, Nick à frente. Faz calor na varanda. Atravessamos, apressadas, subimos a escada até o portão e nos encaminhamos à estradinha de terra.

– Por aqui, garota – chamo, persuadindo-a a seguir rumo ao norte, subindo uma colina.

Ela me puxa pela coleira. Estamos indo devagar demais. O vento levanta seu pelo e bagunça nosso cabelo. É bom sentir o vento no rosto.

– Gostei do programa – digo a Nick.

Acabamos de ouvir um podcast de uma hora, uma conversa entre Brian Koppelman e eu. As perguntas dele foram inteligentes e amplas. Ele pratica as páginas matinais há vinte anos e seu entusiasmo pela minha ferramenta me interessa e me anima. Ele diz que essa prática é responsável pelo sucesso de sua carreira.

– Também gostei do programa, ele vai ser útil para muitas pessoas – responde Nick.

Koppelman e eu recapitulamos as principais ferramentas do *Caminho do artista*. Nick comenta que a apresentação foi bem fundamentada.

Pergunto se não exageramos muito no esoterismo, analisando uma ferramenta de reescrita chamada "folhas verdes".

– Ora, acho que muitas pessoas vão considerá-la útil – responde Nick.

Um lagarto cruza nosso caminho. Lily corre, puxando a coleira. Para ela, os lagartos são uma iguaria. Esse escapa. Lily volta a caminhar, agora bem mais alerta. Onde havia um lagarto pode haver outros.

– Koppelman foi generoso comigo, elogiando tanto o livro.

– Sim – concorda Nick. – Adorei quando ele disse que vale a pena comprar logo dez exemplares.

– Adoro quando posso ajudar a construir o sonho de alguém – confesso.

Agora um besouro que caminha lentamente cruza nosso caminho. Lily o ignora. Os besouros não são de seu gosto. Um beija-flor voando baixo passa por cima de nós. A caminhada está animada. A estrada serpenteia por um trecho de zimbros. De repente, o ar se enche de música. Pequenos pássaros canoros se empoleiram nas árvores.

– Eles são adoráveis – comento com Nick.

– São mesmo – concorda ele.

O que é isso? À nossa frente, na estrada, um trio de corvos se pavoneia. Quando nos aproximamos, eles se demoram, levantando voo somente no último momento.

– Corajosos eles – comento com Nick.

– Sim – concorda ele. – Não têm medo da gente.

– Eu me senti orientada durante o programa – comento enquanto damos a volta para pegar o caminho de casa.

– Sim. Você respondeu às perguntas dele sem fazer nenhuma pausa. Foi rápida e descontraída.

– Acho que o mérito foi dele.

O vento forte sopra com mais força. Inclino a cabeça e me entrego a ele. Nick faz o mesmo. Lily corre à frente, aproveitando o vento.

– Estou feliz por termos ouvido o programa inteiro – comento ao atravessarmos o portão.

– Sim. Um tempo muito bem aproveitado – responde Nick.

Mais uma vez, nós nos apressamos para atravessar a varanda e entrar em casa.

*Com o novo dia vêm uma força nova e novos pensamentos.*
– ELEANOR ROOSEVELT

– Que bom que saímos com ela – digo.

– Também acho – responde Nick. – O vento ajudou, mas tenho certeza de que ela está agradecida.

– Sim – concordo, abrindo a porta.

Lily entra. Feliz com o passeio e por ter voltado para casa. Feliz por ir até a tigela de água.

> *Observe as estrelas e veja-se correndo com elas; pense constantemente nas mudanças recíprocas dos elementos, pois pensar sobre essas coisas elimina a lama de nossa vida terrestre.*
> – MARCO AURÉLIO

∽

No fim da tarde, as montanhas espreitam, escuras e ameaçadoras. Os picos se erguem contra o céu. A lua se levanta, prateada e luminosa, escurecendo as estrelas. É a hora da bruxa, não é dia, mas também não é noite. Meu pinheiro projeta sombras, abrigando pequenos pássaros que buscam um refúgio para passar a noite. Dentro de casa, acendo as luzes e me acomodo para escrever.

"Gostaria de pedir orientação para esta noite", lanço à página. *É uma noite para escrever. Nós lhe daremos pensamentos e palavras*, responde a orientação. Estou em dúvida. Não me ocorrem pensamentos nem palavras. Em vez disso, sinto-me vazia, sem inspiração. Torno a perguntar: "Gostaria de pedir orientação para esta noite." Dessa vez, ouço: *Esta é uma noite para escrever. Fale sobre o que a incomoda.* Ah, aí, sim, temos um caminho.

Agora tenho palavras e pensamentos. Há duas semanas aguardo notícias do meu editor britânico, Andrew Franklin. Ele recebeu meu livro de orações, *Seeking Wisdom*, e aguardo sua resposta. Impaciente com a espera, recorri várias vezes à orientação. "O que Andrew vai achar do livro?", perguntei. A orientação que venho recebendo tem sido positiva, esperançosa e tranquilizadora: *Andrew está feliz com o livro. Ele em breve lhe fará uma oferta.*

Mas "em breve" não é o suficiente para mim. A cada dia que passa, minha confiança na orientação diminui. *Andrew gostou do livro*, é o que a orientação declara repetidamente, mas pensamentos sombrios me afligem. Temo que ele não goste do livro. É por isso que ele está demorando tanto para me responder.

*Duas semanas não é tanto tempo assim*, insiste minha orientação, mas não quero consolo. Tenho Andrew em alta conta e sua opinião é importante para mim. Será que ele vai gostar do livro? Espero que sim. Minha esperança é reforçada por fatos.

Joel Fotinos, meu editor americano, "adorou" o livro e pagou um bom preço por ele. Susan Raihofer, minha agente literária e uma pessoa difícil de convencer, também "adorou" o livro. Meu primeiro grupo de leitores igualmente "adorou" o livro. Eu mesma, após uma leitura crítica, "adorei" o livro. Com certeza, digo a mim mesma, Andrew também deve "adorar" o livro. Estou fazendo um esforço deliberado para melhorar meu humor. A cada longo dia me vejo afundando na paranoia. Se ele "adorou" o livro, por que não entra em contato? No entanto, sei que ele ficaria horrorizado ao saber do meu sofrimento. Ele me valoriza e defende meu trabalho.

Volto mais uma vez à orientação, e sou repreendida por minha falta de fé: *Julia, suas preocupações em relação a Andrew não fazem sentido.*

Assim, repreendida e incentivada, me vejo invadida por um equilíbrio bem-vindo. À medida que a noite cai, eu me sinto subitamente esperançosa. Talvez meu livro seja bom, digno dos elogios que vem recebendo. Talvez Andrew entre em contato comigo "em breve" e esteja "feliz com o livro". Com essa observação positiva, deixo de lado os pensamentos sombrios, acreditando novamente tarde demais na orientação.

## ESCREVA EM BUSCA DE ORIENTAÇÃO

Pegue uma caneta e complete as frases a seguir:

1. Uma preocupação persistente que tenho em relação ao trabalho é…
2. Eu me senti orientado quando estava trabalhando em…
3. Gostaria de receber orientação sobre…

Peça orientação em qualquer área de seu trabalho. A resposta que você escuta o surpreende?

# Decisões guiadas

Do lado de fora das minhas janelas, o vento forte açoita as árvores. O pinheiro abriga os passarinhos, seguros nos seus ramos internos. Os ramos externos acolhem corvos, suas asas batem ao vento. No interior da casa, vários – quatro – ventiladores grandes geram uma brisa para refrescar o calor que sobrou do dia. Amanhã, bem cedo, deve chegar uma equipe de técnicos. Vão instalar o tão esperado ar-condicionado.

– Você tem dinheiro para isso e vai valorizar a casa – aconselha-me meu contador.

– Tem certeza? É tão caro!

– Dá para pagar com o que você ganha dando aula.

– Se você está dizendo...

– Tenho certeza.

E assim o assunto ficou resolvido. Meus amigos que moram na costa leste do país ficaram entusiasmados com o meu plano.

"Você vai ficar muito mais confortável", afirmou minha amiga Jeannette. "Vai adorar", disse Emma Lively.

– Eles não podem vir um pouco mais tarde? – pergunto ao atendente.

– Não. Receio que não – foi a resposta seca.

Assim, minhas horas de sono foram abreviadas e tive que lidar com homens trabalhando na minha casa durante vários dias.

"Concentre-se no resultado final", aconselhou-me Jeannette. "Serão dois ou três dias de incômodo e um futuro de tranquilidade." Como era seu hábito, ela viu as coisas pelo lado positivo. "Você tem passado muito calor", continuou Jeannette. "E tem tido dificuldade para dormir. O ar-condicionado deve resolver tudo isso."

> *Quando se concentra no que há de bom na sua vida,*
> *você cria mais coisas boas.*
> – OPRAH WINFREY

Ainda pensando no lado negativo, telefonei para Emma Lively. Talvez ela ficasse do meu lado. Mas não.

"Vai ser rápido", retrucou ela com otimismo. "Você pode se trancar em outro cômodo e escrever o dia todo."

Ao ouvi-la, imaginei-me andando de cômodo em cômodo, caderno na mão. E se eu não encontrar nada para escrever?, perguntei a mim mesma.

"Eu te ligo", prometeu Emma. Assim, eu ao menos teria companhia, ainda que à distância.

Minha vizinha Scottie Pierce estava mais perto, por isso resolvi telefonar para ela.

– Ai, Scottie, amanhã vão instalar meu ar-condicionado... – falei ao telefone, me lamentando.

Ela logo me interrompeu:

– Você vai amar! Uns poucos dias de desconforto valem a pena!

– Mas vou ter que acordar muito cedo... – insisti.

– Quer saber? Vou acender um incenso para pedir que tudo corra bem.

– Ah, Scottie, seria ótimo! – exclamei, pensando que era mesmo o que eu precisava, de orações!

Animada e otimista, Scottie desligou o telefone. Tardiamente, pensei em pedir orientação.

"Preciso de orientação sobre o ar-condicionado", pedi.

*Julia, o pessoal da instalação vai ser simpático, os operários serão tranquilos e cuidadosos*, foi a resposta. *Você vai passar o dia escrevendo, e isso vai ser muito produtivo.*

Encurralada pelos meus amigos e pela orientação que recebi, tentei me munir de otimismo. Afinal, pensei, o calor estava intolerável. Os quatro ventiladores faziam um barulho insuportável – tão alto que minha amiga Jennifer se recusou a falar comigo ao telefone. "É melhor você me ligar quando as coisas estiverem mais calmas!", exclamou. Um dos argumentos de venda do ar-condicionado era a promessa de silêncio. Assim, peguei-

-me pensando, como aconselhou Jeannette, no lado positivo. Minha casa ia ficar fresca e sossegada, e eu mesma ia ficar fresca e sossegada. Isso é que é otimismo.

Ironicamente, no dia em que o ar-condicionado está sendo instalado, o clima está mais fresco. Talvez eu tenha me precipitado, penso, esquecendo-me dos dias sufocantes da semana anterior. Os instaladores chegam: Cody e Justin, rapazes simpáticos e descontraídos. Começam a trabalhar de forma rápida e eficiente, tendo o cuidado de estender uma lona para proteger os meus pertences.

> *Tudo o que nos desacelera e nos força a ter paciência, tudo o que nos joga de volta nos ciclos lentos da natureza é uma ajuda.*
> – MAY SARTON

"É um serviço tranquilo", comenta Cody. "Está tudo correndo bem."
No meio da tarde, quatro cômodos já estão prontos. Quando Nick chega, às três e meia, o pessoal já foi embora.
– Eles são rápidos – elogia ele.
– Verdade – concordo. – São mesmo.
Começa a aula diária de informática; estou aprendendo rápido. Hoje, para poupar tempo, ele mesmo pilota o computador para checar meus e-mails. Lidos e respondidos os e-mails, sugiro a Nick:
– Vamos levar Lily para dar uma volta? Está fresquinho.
E assim partimos, Lily na frente, atravessando a varanda, passando pelo portão, subindo os degraus até a conhecida estrada de terra batida na qual nos dirigimos, mais uma vez, para o norte.
A tarde está agradavelmente fresca; uma leve brisa refresca ainda mais o ar. O bosque de zimbros se enche de pássaros canoros. Suas melodias sobrepõem-se umas às outras e são "adoráveis", segundo Nick.

*E se a prática da paz consistir em diminuir o ritmo
e perceber que há mais para ver?*
– MORGAN HARPER NICHOLS

A estrada rumo ao norte passa pelos passarinhos e se abre em uma trilha para bicicletas. Percorremos o caminho com Lily na frente, passando por arbustos prateados agora e dourados no outono.

– Como anda o livro sobre orientação? – pergunta Nick.

Ele próprio escritor, está curioso sobre o meu progresso.

– Já escrevi setenta páginas e não faço ideia do que escrever hoje.

– Você vai encontrar o que escrever – promete Nick.

Aproveito que ele tocou no assunto e continuo a conversa:

– Já lhe perguntei sobre orientação por escrito? – pergunto.

Ele dá uns passos largos antes de responder, puxando Lily para diminuir o ritmo.

– Busco orientação na minha escrita, mas não diria que isso seja uma rotina. Tenho tendência a escrever quando alguma questão me incomoda, quando sinto que não estou recebendo orientação espiritual suficiente.

– Então você recorre à orientação por escrito quando quer especificidade?

– Sim, mas a orientação que recebo às vezes é bem enigmática. Penso: "Como assim?" Mas depois leio uma segunda vez e penso: "Ah, sim, já entendi."

Nick desvia de uma fenda na trilha. Está usando suas novas botas de cowboy e toma cuidado para não tropeçar.

– Acho que escrevo três páginas e depois peço orientação – digo.

Ele ri, identificando-se:

– Também faço isso. A escrita me abre para ouvir a orientação.

– Então a sua prática de escrever em busca de orientação é casual? – pergunto.

– Sim. Quando escrevo para obter orientação, não escrevo com "E" maiúsculo. Simplesmente tento deixar a caneta correr por conta própria, só para ver no que vai dar.

– Então você diria que busca orientação por escrito quando precisa de clareza?

– Pode-se dizer que sim. Estou fazendo parecer que é meu último recurso?

Nick salta com agilidade outra fenda na trilha. As botas de cowboy o deixam mais alto. Ele se vira e me pergunta:

– Você usa a orientação por escrito regularmente, não é?

Comparando-me com Nick, admito:

– Sim, suponho que sim.

– Talvez eu devesse experimentar fazer isso mais vezes – sugere ele.

– Acho que ajuda – respondo. – Escrevo em busca de orientação há trinta anos. Acho que me ajuda.

– Ou isso ou você é muito teimosa...

– Sou teimosa, mas ajuda – respondo, rindo.

Lily puxa a coleira. Nossa conversa é interessante para nós, mas não para ela.

– Para casa, garota? – pergunto.

Ela sabe o que é "casa" e que tem à sua espera um pote cheio de água fresca. Então logo começa a trotar.

> *Confie no seu coração se os mares pegarem fogo (e viva pelo amor, mesmo que as estrelas caminhem em direção oposta).*
> – E. E. CUMMINGS

Trovões se aproximam, vindos das montanhas. É a estação das monções em Santa Fé; nessa época, costuma chover todo dia à tarde. Torço para que não chova amanhã por causa dos buracos que fizeram no telhado para a instalação do ar-condicionado.

"É bom trabalhar para uma pessoa calma assim como a senhora", disse Cody, o chefe da equipe de instalação. Pensei com meus botões: "Calma, eu? Estou uma pilha de nervos, mas acho que não deixo transparecer."

O elogio de Cody me pegou de surpresa. Durante todo o dia, enquanto o pessoal martelava e serrava, eu sentia a ansiedade aumentar. Liguei para Jeannette em busca de apoio moral e caminhei na esteira para aplacar meu nervosismo. Jacob Nordby ligou para saber como eu estava. Ele sabia que o barulho e a confusão iam me incomodar. Lily, minha cadelinha, reagiu ao estresse me rondando o dia todo. Emma Lively ligou e me disse que não descuidasse da alimentação, apesar da minha ansiedade. "Não vai querer ter uma hipoglicemia, com todo esse estresse", aconselhou-me com seriedade. Então me esgueirei pelos escombros até a cozinha, onde devorei um sanduíche de geleia com manteiga de amendoim.

*Alguns caminhos bonitos não podem ser descobertos sem se perder.*
— EROL OZAN

"Amanhã você não vai mais passar calor", ponderou Jennifer Bassey, em outra ligação. "É um investimento na sua qualidade de vida", afirmou, otimista como sempre.

Repeti à minha filha, Domenica, o que Jennifer me dissera, mas ela não se deixou enganar.

— Está nervosa, não é, mãe? — observou ela, mesmo a quilômetros de distância.

— Na verdade, estou nervosa — confessei. — O barulho e a confusão... — Minha voz começou a ficar arrastada. Eu não queria que Domenica se preocupasse. — Amanhã a esta hora já estarei calma e tranquila.

— E como está a cachorrinha? — perguntou ela, cumprindo seu papel de filha atenciosa.

— Ela também está estressada — admiti. — Fica atrás de mim o dia todo.

— Veja bem — atalhou Domenica, me provocando. — É um investimento na sua qualidade de vida.

Depois da ligação de Domenica, recebi uma chamada de Gerard.

— Fora a confusão e o barulho — perguntou ele —, como está lidando com a instalação?

— Estou nervosa — confessei. — Nervosa.

— Você não tem um quintal, um lugar para onde possa ir? — questionou ele.

— Eles também estão trabalhando lá fora — respondi, queixosa.

— Bem, depois de amanhã você vai se sentir confortável, fresquinha e sossegada — confortou-me. — E até amanhã de manhã, quando o pessoal da instalação voltar, aproveite para ter uma noite tranquila.

O otimismo de Gerard me irritava. Eu ainda estava com os nervos à flor da pele, e o que eu queria era que alguém demonstrasse empatia por mim. Mas ele não demonstrou empatia nenhuma. Desliguei o telefone, desgostosa da vida. Haja otimismo.

Chegou o entardecer e o pôr do sol me acalmou – o pôr do sol e um bem-vindo telefonema de Jeannette. Ela estava transbordando de compaixão.

"Você até que está reagindo bem diante da situação", assegurou-me. "O barulho, a confusão, a casa de pernas para o ar. Você fez o possível para lidar com todo o transtorno: procurou os amigos, caminhou na esteira. Levou Lily para passear? Sim? Mais um ponto positivo. O objetivo é o resultado final. O caos em breve vai ficar para trás."

Depois do telefonema de Jeannette, senti meu humor mudar. Pensei: "Amanhã à noite isso tudo já terá terminado." Lily lambeu minha perna. Acredito que ela tenha percebido. Tardiamente, pedi orientação para nós duas. Ouvi de volta: *Você está se saindo bem. Por hoje, deixe de lado a ansiedade. Há muita coisa boa vindo por aí.*

Como costuma acontecer, minha orientação me acalmou. A bondade prometida era algo pelo qual esperar. Dirigi-me para a cozinha e coloquei uma panela no fogo. A refeição normal me mostrou que eu já não estava mais tão abalada. Mais uma vez, voltei-me para a orientação. Desta vez, ouvi: *Julia, você está de volta ao caminho certo. Não precisa ficar ansiosa. Está tudo bem.* Ao ouvir o conselho, senti os meus últimos nervos em frangalhos se acalmarem. Afinal de contas, havia "muita coisa boa" por vir.

*Não é difícil tomar decisões quando você sabe quais são os seus valores.*
– ROY O. DISNEY

∽

O dia está quente e nublado. Meus quatro ventiladores fazem muito barulho, mas deixam a desejar na hora de refrescar. O pessoal da instalação do ar-condicionado trabalha sem parar. Estão progredindo. Há um operário em cada cômodo.

"Estamos por todo lado", afirma Justin, com simpatia. "Deve ser difícil para a senhora."

E é difícil mesmo. Eles martelam e serram. Fazem buracos nas paredes para instalar os aparelhos de ar-condicionado. Lily está quase enlouquecendo com o barulho. Em vão, anda de um lado para outro em busca de silêncio.

"Está tudo bem, garota", digo-lhe. Ela olha para mim com uma expressão de dúvida, como quem pergunta: "Como assim, *bem*?" Convido-a a se deitar ao meu lado no sofá. Espero que minha presença lhe transmita segurança. Relutante no início, Lily acaba por se levantar. Lambe minha perna, tentando me tranquilizar. "Está tudo bem, garota", repito.

O dia está estranho. Meu lugar na poltrona é uma ilha de calmaria no meio de um mar de caos. Acaricio o pelo sedoso de Lily e desejo que ela saiba quanto valorizo sua companhia. Tentando tranquilizá-la, vejo-me tranquilizando a mim mesma. Os nervos em frangalhos de ontem ficaram no passado. Hoje consigo me concentrar no progresso de cada integrante da equipe de instalação. Em breve a casa estará fresca, digo a mim mesma; além disso, o pessoal é caprichoso e solícito. As coisas podiam ser muito piores.

Cody, o chefe da equipe, quase me pede desculpas. Lamenta o tempo que o trabalho está levando. Promete ser mais rápido no último dia.

"Vamos entrar e sair", promete ele. "Vai ser rapidinho."

O pedido de desculpas de Cody por ter demorado mais um dia ajuda muito a aplacar minha ansiedade. Elogio o temperamento calmo dos integrantes de sua equipe. Ele sorri e faz uma pausa no trabalho. "Esse elogio significa muito para mim", responde ele. "Tentamos formar boas equipes."

A boa equipe trabalha com zelo e afinco, forrando tudo para não sujar meus pertences. Aprecio seu cuidado e a calma com que trabalham. As nuvens de chuva cobrem as montanhas. Um estrondo de trovão rasga o ar, o único sobressalto num dia calmo. A chuva chega à minha janela. Um vento forte açoita o pinheiro. Nervosa, Lily salta da poltrona para o chão. Fica rodeando meus pés, em busca de segurança. Tem medo de tempestade, e essa, com trovões estrondosos, está pior do que as outras.

– Você vedou o condensador? – pergunta Justin a Cody.

– Sim, claro. Vedei tudo. Não podemos ter nenhum vazamento. Mas esse temporal veio do nada.

Cody fala como se estivesse repreendendo a tempestade pela chegada abrupta. Tão rápido quanto apareceu, a tempestade desaparece. Cody reúne a equipe.

– Até segunda – diz. – Vou demorar mais uma hora no quarto principal e depois mais algumas horinhas para terminar o resto do serviço.

*Seja estável em sua vida… para ser feroz e original em seu trabalho.*
*– GUSTAVE FLAUBERT*

Cody parece satisfeito. Tiveram um bom dia de trabalho, ele e os seus homens. Vão acabar na segunda. Agradeço à equipe. Vou acampar na minha casa desorganizada durante o fim de semana e, na segunda-feira à tarde, tudo estará de volta ao normal: calmo, tranquilo e fresco.

### ESCREVA EM BUSCA DE ORIENTAÇÃO

Existe alguma decisão pendente na sua vida, grande ou pequena, que você venha tentando tomar? Escreva para pedir orientação sobre essa decisão. Surge alguma clareza? Qual?

# SEMANA 3

## *Um convite à calma*

Nesta semana, vamos ajudar você a experimentar a calma que a orientação traz. Ela é capaz de nos proporcionar a serenidade e a certeza de que estamos no caminho certo. Utilizando as ferramentas desta semana, você será incentivado a convidar a calma da orientação e, nessa perspectiva, examinar se tem dado o devido valor ao autocuidado na forma de conexões e do estabelecimento de limites. Como se diz: *Devagar se vai ao longe*. Ao se distanciar de decisões precipitadas e apressadas, você vai descobrir que a pausa que experimenta forjará uma conexão mais profunda com um universo benevolente.

# Orientada para a paciência

O dia estava nublado. Quando levei Lily para passear, avistamos três lagartos. Um era mais gordo e mais lento do que os outros, e ela quase o abocanhou. Puxou a coleira para correr atrás dele, mas não teve sorte. O lagarto se escondeu sob uma pedra. Já sem esperanças, Lily retomou nosso passeio, mesmo a contragosto. Estava atenta a outros lagartos, e outros dois atravessaram nosso caminho. Lily atirou-se na direção deles, mas eles foram rápidos, ainda mais rápidos do que uma terrier esfomeada.

"Por aqui, garota." Puxei a guia de Lily. Obediente mas frustrada, ela se deixou arrastar para o meu lado. Afinal, os lagartos são uma iguaria. O nosso percurso é um oásis de pedras lisas. Os lagartos adoram se aventurar ao sol, ousados e visíveis. Lily conhece os hábitos deles e os caça assim que cruzamos o portão. Um dia ela vai acabar pegando um. Basta ter paciência, mas a paciência não é o forte de um terrier. Tampouco o meu. Costumo dizer a mim mesma: "Paciência, Julia", mas a paciência é uma virtude difícil de encontrar.

No inverno, espero impacientemente pela primavera. Na primavera fresca, anseio pelo verão. À espera de notícias de Andrew, estou impaciente. Será que ele não pode se apressar? Nas ocasiões em que discuto com Deus – e discuto mesmo –, costuma ser por questões assim. Estou há seis meses à espera de uma boa notícia sobre minhas peças de teatro e, embora a orientação que recebo prometa que vou ter notícias em breve, esse "em breve" não é rápido o suficiente. As estações mudam a um ritmo moderado e o teatro também. No momento em que escrevo isto, meu celular toca. É uma diretora, ligando para dizer que enfim teve notícias de um diretor de teatro. A notícia? Ainda não tinham lido a nossa peça – que seria uma produção para Zoom. Prometeram que será lida "em breve". O que fazer? Paciência.

Enquanto escrevo isto, estamos no quarto mês de isolamento em razão do coronavírus. Estamos em julho – final de julho – e a quarentena começou em meados de março. Máscaras. Distanciamento social. Só se pode sair de casa quando for absolutamente "essencial". Quando é que isso vai acabar? Será que voltaremos em breve ao "normal"? Para sobreviver a uma época assim, precisamos de uma virtude. Sim. A paciência.

Jó precisou de paciência. Todos nós precisamos de paciência agora. É preciso ter paciência para não perguntar: "Quando, meu Deus?" Estamos, todos nós, no mundo inteiro, sendo instruídos a ter paciência. Quando colocamos nossas máscaras, esfregamos mais uma vez as mãos já lavadas e damos nossas breves saídas "essenciais", estamos aprendendo a ser pacientes. Na fila de espera para entrar no supermercado ou na farmácia, estamos aprendendo, sim, a ter paciência.

> *Nós não percebemos que, em algum lugar dentro de todos nós, existe um eu supremo que está eternamente em paz.*
> – ELIZABETH GILBERT

Sou uma pessoa impaciente por natureza. Os fins de semana são longos para mim. Mal posso esperar pela segunda-feira, para que todo mundo volte ao trabalho. Com certeza na segunda-feira vou receber notícias de Andrew. Passei o fim de semana lhe escrevendo e-mails imaginários, perguntando: "E então, o que achou?" Mas o protocolo exige que eu espere que ele entre em contato com a minha agente literária, que depois vai entrar em contato comigo e transmitir a notícia (boa, espero) da aprovação e da oferta. A orientação disse que a oferta será "modesta", mas muito bem-vinda. Estou disposta a aceitar uma oferta modesta – qualquer oferta –, basta que ele diga.

No domingo à tarde, oficialmente um dia de descanso, enviei um e-mail à minha agente, que estava com a família. Escrevi: "Será que existe alguma coisa que possamos fazer para acelerar o processo?" Como era de se esperar, ela não me respondeu. Mais uma vez, a vida me pedia paciência. De todo modo, eu sabia o que ela ia dizer: "A espera é de amargar. Paciência!"

Repreendida, corri para a página, na esperança de que a orientação tivesse algo sábio a me transmitir. Perguntei: "Como posso encontrar paciência?" Ouvi: *Ligue para Emma. Ela tem muita paciência. Trabalhou seis anos no musical dela. Você pode esperar mais seis dias pela resposta de Andrew.*

No início, a orientação me deixou furiosa, mas depois me fez colocar a situação em perspectiva. Percebi que podia esperar, se não paciente, impacientemente. Mas esperaria porque, por mais difícil que fosse, eu podia.

> *Quero lhe implorar... que seja paciente com tudo que não está resolvido no seu coração... Viva as perguntas agora.*
> – RAINER MARIA RILKE

O céu estava ao mesmo tempo prateado e dourado. A luz do sol poente se refletia no cume das montanhas. Eu me preparava para escrever quando o telefone tocou. Era a minha amiga Jennifer Bassey, pronta para iniciar um sermão sobre paciência.

– E então, alguma notícia de Andrew? – perguntou.

– Nada – respondi, desanimada.

– Ele vai gostar do livro – prometeu ela. – Se não gostar, eu me jogo da varanda. Bom, claro que não vou me jogar da varanda, mas você entendeu.

– E o pessoal da instalação do ar-condicionado não apareceu – lamentei.

– Jura?

– Juro.

– Bem, devem ter tido alguma emergência. Acontece.

– Disseram que vão chegar amanhã às oito e meia da manhã.

– Então você só precisa ter paciência. Paciência com Andrew, paciência com o pessoal do ar. Sei que paciência não é seu forte, nem o meu. Quando queremos alguma coisa, tem que ser *na mesma hora*. Tente aceitar que tudo segue o cronograma de Deus, não o seu. Respire fundo. Relaxe. Tudo acontecerá em seu devido tempo.

– Ah, Jennifer, eu tento ser paciente.

Será que minha voz revelava toda a minha impaciência? Detesto que me passem sermões, por mais bem-intencionados que sejam. Mas Jennifer tinha mais a dizer.

– Ligue para duas pessoas e pergunte como *elas* estão – aconselhou-me.

– Eu sei que isso funciona – respondi, pensando: "E agora, por favor, chega de sermão sobre paciência. Não estou com a menor paciência!"

Jennifer deve ter sentido a minha resistência silenciosa, porque desligou abruptamente o telefone. Contrariando meu bom senso, decidi seguir o conselho dela, ligando para a minha amiga Julianna, também escritora.

– Olá, querida – atendeu Julianna, alegre. – Alguma notícia?

– Até agora, nada.

– Que chato. Tenho rezado sem parar. – Julianna parecia tão impaciente quanto eu. – Eu adorei o livro!

Mentalmente, acrescentei o nome dela à minha lista de "adorei". Se eu apreciava a opinião de Andrew e mal podia esperar para ouvir o que ele tinha a dizer, valorizava muito o veredito de Julianna. Senti meu humor mudar um pouco: copo metade cheio, não metade vazio. A opinião de Julianna tinha para mim o mesmo peso que a de Andrew. Minha ansiedade diminuiu. Se ela achava que o livro era bom, talvez fosse mesmo. Grata, desliguei o telefone. Momentos depois, seguindo o conselho de Jennifer, liguei para Jacob Nordby.

*Ame seu Eu interior e tudo o mais estará feito para você.*
– AMIT RAY

– Está tudo bem? – lembrei-me de perguntar antes de começar a falar de mim e me lamuriar.

– Acabei de dar um passeio perto do rio e foi ótimo – respondeu Jacob. – Cheguei em casa e estou me preparando para a noite. Teve alguma notícia de Andrew, seu editor?

– Nada – respondi. – Já se passaram quase duas semanas. Quanto mais o tempo passa, mais aumenta a minha paranoia.

– O que a orientação diz? – pergunta Jacob.

Ele acredita na precisão da orientação que recebo com a mesma fé com que acredita na que ele recebe.

– A orientação me diz que as minhas preocupações com Andrew não têm fundamento – respondi.

– Ele vai gostar do livro – previu Jacob, com alegria. – É um bom livro. Eu adorei.

Agora, depois da contribuição de Julianna e de Jacob, senti-me menos ansiosa. Será que todos os meus leitores poderiam estar errados? Duvidei. Andrew só tinha de seguir o consenso. Mas será que o faria? Ele tinha opiniões firmes.

O céu escureceu e a noite chegou. A lua prateada ergue-se sobre as montanhas. Animada com o apoio dos meus amigos, preparo-me para dormir. Tinha aguentado mais um dia de espera. Talvez amanhã tivesse notícias de Andrew. Até lá, precisava manter a fé.

∾

Acordei cedo, preparando-me para a chegada do pessoal do ar-condicionado. A instalação já se arrastava havia cinco dias e eu estava impaciente para o serviço terminar logo. Eles chegaram na hora prevista, cedo para um dia de trabalho, e me acomodei na minha poltrona para não atrapalhar. Estava cansada depois de uma noite curta; tomei três canecas de café na esperança de despertar. Demorei muito escrevendo minhas páginas matinais. O cansaço tomava conta de mim. Estava na página três, no final, quando o telefone tocou. Era Emma Lively, com novidades.

– Andrew te ligou? – perguntou. – Ele quer publicar o livro. Susan Raihofer me enviou o e-mail dele para o caso de eu falar com você antes dela. Quer que leia o que ele escreveu?

– Quero, por favor! Quero muito saber.

Emma tomou um gole de água e pigarreou. E leu:

– Li e fiquei fascinado. Não é um livro natural para mim. Sou judeu e ateu, não estou entre o seu público-alvo. Apesar disso, estou achando o livro adorável, comovente e pessoalmente relevante. Isso me surpreendeu. Pensei que fosse ler o livro, descobrir o público e compreender seu propósito. Mas o livro vai além disso. Tocou-me pessoalmente. Esse é o poder de sua escrita. Portanto, com certeza faremos uma oferta.

– Ah, Emma, que coisa maravilhosa! – exclamei. – Leia de novo!

Emma leu o conteúdo do e-mail de Andrew uma segunda vez. Fiquei maravilhada com sua mente aberta: "Sou judeu e ateu." O fato de ele, um ateu, poder abraçar um livro de uma autora como eu me pareceu quase milagroso. O que ele quis dizer quando chamou o livro de "pessoalmente relevante"? Talvez me diga na nossa próxima conversa. Afinal, ele foi o editor de *O caminho do artista*. Será que ele acreditava no poder de uma força maior, de uma energia criativa, que ele preferia não chamar de "Deus"? Eu sabia que ele gostava muito de jardinagem. Para mim, a natureza falava de Deus, mas talvez, para ele, falasse de energia criativa, sem necessidade de uma divindade.

*Não posso evitar ter esperança, manter a fé e amar a beleza.*
– T. H. WHITE

*Pois [o rio] sabia agora para onde ia e disse a si mesmo:
"Não tem pressa. Um dia chegaremos lá."*
– A. A. MILNE

Depois de falar com Emma, que estava muito feliz, liguei para Susan Raihofer, que também estava radiante. Como é minha agente, ela também estava à espera da resposta de Andrew. Agora, como eu, estava animada. E resumiu: "Ele vai fazer uma oferta. Respondeu por escrito!"

Agora era a minha vez de colocar algo por escrito. Mandei um e-mail para Andrew: "Acho que você não sabe quanto sua opinião é importante para mim. Você é uma fonte de inspiração, um aliado." Ao enviar minha mensagem para o outro lado do Atlântico, senti certa euforia. Eu queria que ele soubesse quanto eu o valorizava.

As horas voaram. Telefonei para minha amiga Julianna para lhe dar a boa notícia. Ela ficou muito feliz por mim. Liguei para Nick, Jacob, Scottie, Laura, Jeannette e Jennifer. Todos ficaram felizes por mim. Eu também estava animada, tão empolgada que quase não me importei quando Cody me disse que estavam tendo problemas com o sistema de ar-condicionado. Será preciso chamar um técnico especial. Ele não poderia vir hoje. Só amanhã.

"Sim", disse Cody. "Ele vai resolver os problemas do sistema. Vamos encontrar uma solução." Tudo o que eu precisava era daquela temida palavra: "paciência".

Eu o ouvi e confiei na palavra dele. "Vamos encontrar uma solução." Nesse meio-tempo, recapitulei todas as bênçãos que havia recebido no dia. Um atraso na instalação do ar-condicionado era só isso, um atraso. De longe, o mais importante era que a espera chegara ao fim. Andrew tinha adorado o livro.

### ESCREVA EM BUSCA DE ORIENTAÇÃO

Escolha uma área da sua vida em que sua paciência esteja escassa. Escreva as perguntas a seguir e escute a orientação.

1. O que preciso saber?
2. O que preciso fazer?
3. O que preciso lamentar?
4. O que preciso aceitar?
5. O que preciso comemorar?

# Aceitando o bem

A casa está fresca. O ar-condicionado foi instalado com sucesso. Hoje cedo, quando o técnico chegou, levou apenas cinco minutos para localizar o problema, um erro na parte elétrica que foi facilmente corrigido. Ansioso para seguir para o próximo serviço, ele me apresentou um breve tutorial sobre o funcionamento do sistema. Ouvi com atenção, tentando não me assustar. Tudo o que é tecnológico me assusta, e o funcionamento do ar-condicionado me pareceu difícil de entender. É verdade que a temperatura ficaria mais baixa, mas será que não ficaria frio demais? Como ajustar a temperatura com precisão? Meu conhecimento nessa área era mínimo. Minha cachorrinha se alongou em êxtase na sala de estar recém-resfriada. Eu também tentei me alongar.

Nuvens prateadas descem das montanhas. Estamos no fim da tarde. A noite está chegando. No oeste, o sol poente risca o céu com uma luz multicolorida. No leste, a lua está nascendo. Minha sala de estar está fria e escura. Acendo as luzes. A pequena Lily vem para o meu lado. "Vem, garota", eu a incentivo e, após um momento de hesitação, ela pula para a poltrona, acomodando-se ao meu lado. Estamos aconchegadas uma na outra.

Nick veio trabalhar comigo hoje. Ao entrar, vindo do calor sufocante lá de fora, ele exclamou:

– Ah, que delícia! – O ar-condicionado recém-instalado estava fazendo seu trabalho. – Está gostando? – perguntou ele.

– Sim, estou me acostumando – respondi.

Agora, com Lily ao meu lado, estou gostando do frio. Meu cabelo não está mais úmido de suor. Minhas roupas não estão mais coladas ao corpo. Acostumada ao desconforto, acho o conforto do frescor surpreendente. Entrei para a era moderna. Minha mão, movendo-se sobre a página, está fria. Aliás, a própria página está fria. A todo momento me sinto tranquila. Quando o telefone toca, hesito em atender. Estou gostando muito da calma.

Mas atendo, e quem me liga é Jennifer. Ela mesma, que gosta de ar-condicionado no sul da Flórida, quente e úmido. Está, como Nick, ansiosa para saber se estou gostando da nova temperatura da casa.

– Acabou a instalação? – pergunta ela. – Demorou uma eternidade. Imagino que esteja gostando. Você estava sofrendo muito com o calor.

– Acho que estou gostando, sim – respondo. – Mas vou levar um tempo para me acostumar.

– Sim, mas está gostando? – insiste Jennifer.

– Lily está – digo. Penso na minha cadelinha, agora esticada na poltrona, deitada no chão geladinho.

– Aposto que ela está adorando – responde Jennifer.

– Afinal – brinco –, ela usa um casaco de pele.

*Aquele que tiver paciência terá o que deseja.*
— BENJAMIN FRANKLIN

Satisfeita por saber que entrei na modernidade e estou confortável, Jennifer desliga o telefone, que volta a tocar na mesma hora. Dessa vez, quem liga é minha amiga Scottie. Eu a informo sobre o drama em minha casa: a nova temperatura.

༄

Passemos ao dia seguinte – um dia agitado, cheio de acontecimentos. Caminhei na esteira, fiz exercícios com minha personal, levei Lily para passear, coloquei a correspondência em dia, participei de um podcast de 45 minutos no qual li quatro poemas meus. A noite chega, uma noite de lua cheia, mas as nuvens pesadas que pairam sobre as montanhas bloqueiam sua luz. Estou toda aconchegada na minha poltrona. Ao meu lado, Lily também está toda enroladinha. De novo, gotas pesadas de chuva batem nas janelas, embora dessa vez não haja trovões nem relâmpagos. As gotas de chuva fazem barulho, mas é só.

*Por que a paciência é tão importante? Porque ela nos faz prestar atenção.*
– PAULO COELHO

Nervosismo e adrenalina marcaram meu dia. Minha energia física esgotou minha energia espiritual.

"Estou nervosa", disse a Scottie e a Jennifer. "Orem por mim!" As duas amigas responderam que orariam com prazer e, assim, entrei no podcast fortalecida. A apresentadora era uma jovem poeta e fez com que eu e minha poesia nos sentíssemos bem-vindas. Selecionei quatro poemas do álbum *This Earth*. Ela os recebeu com alegria. "Leia outros!", disse após o primeiro poema. Li mais três.

"Que presente!", exclamou.

Mal sabia ela que o "presente" dela era um presente para mim. Gostei de revelar meu lado poeta, exibindo a artista por trás de *O caminho do artista*. Ler minha poesia para uma poeta famosa exigiu coragem. Afinal de contas, ela ganha a vida como poeta. E eu fiz da minha vida poesia. E, no entanto, devido à sua generosidade, nos encontramos como colegas, duas poetas escrevendo. Ela contou que seu público, tanto internacional quanto nacional, tinha acabado de ler *O caminho do artista*. Mencionei ferramentas do meu kit de ferramentas de criatividade que considerava particularmente relevantes para escritores. O tempo do podcast passou voando e nos despedimos como amigas que haviam acabado de se descobrir.

– Obrigada, Scottie! – Agora sou eu que ligo para dizer. – Foi muito bom.

– Mas você se divertiu? – pergunta ela.

– Sim, na verdade, me diverti. Li uns poemas meus.

– Ah. Deve ter sido divertido.

– Foi. Eu me senti notada como artista.

– Mas você é uma artista.

– Obrigada. Eu me diverti ao me expressar.

– Bem, minha amiga, que bom que correu tudo bem. Acendo um incenso para você!

Scottie ri, feliz ao ver que sua prece foi atendida. Assim nos despedimos. Em seguida, ligo para Jennifer. Ela atende a minha ligação com uma pergunta.

– Olá, querida. Como foi?

– Bem – respondo. – Muito bem.

– É o poder da oração – retruca ela. – Quando tenho algum teste, peço a Deus que trabalhe por meu intermédio. Ao assistir à gravação depois, vejo algo especial na minha apresentação. "Isso é Deus", digo. "Eu nunca teria pensado nisso." Foi Deus se manifestando em mim.

– Li quatro poemas – relato.

– A inspiração para fazer isso veio de Deus – afirma Jennifer. – Você nunca fez isso, fez?

– Não.

– Então foi Deus. Quando tenho um teste ou um trabalho, digo: "Deus, passe na frente. Não me deixe estragar tudo."

– E eu não estraguei tudo.

– Então você precisa agradecer a Ele.

Digo a Jennifer que estou muito grata.

– Diga a Deus – ela me repreende.

Assim, ao encerrar nossa ligação, oro: "Obrigada, Deus, por me dar coragem." Ouvi: *De nada*. Ou será que foi minha imaginação?

*Não há vantagem em apressar a passagem pela vida.*
– MASASHI KISHIMOTO

Juanita Nava vem aqui em casa toda segunda-feira à tarde. Durante três horas, ela limpa, tira o pó e passa o aspirador. Ela é um turbilhão de energia. Deixa minha casa impecável, brilhando. Está sempre alegre, é uma pessoa muito doce. Sua presença traz ordem e alegria. Ela trabalha muito e é engraçada. À noite, dá aulas de dança. Por que está sempre tão feliz?, pergunto a mim mesma. Hoje, resolvi perguntar a ela.

– Eu rezo o tempo todo – responde Juanita. – Rezo pela manhã, à noite, antes de dormir e durante o dia. Quando vou de um trabalho para outro, rezo. Não faço orações formais, rezo enquanto falo. É uma conversa casual com Deus.

Juanita é pequena, tem a forma compacta de uma dançarina. É magra e musculosa, cheia de energia. Sua vida de oração é o segredo de sua energia e sua resistência. Foi o que ela me disse.

– Tenho uma conexão – diz ela, fazendo uma pausa em seu trabalho para se concentrar na minha pergunta.

Juanita não achou a pergunta intrusiva. Ao contrário, estava feliz em compartilhar sua fonte de ânimo e orientação: a oração diária e regular.

– Cresci orando – continua ela. – Ensinei meus filhos a rezar e a crer.

Pensei comigo mesma que os filhos de Juanita são, como a mãe, faróis de alegria. Seus dois adolescentes são felizes e bem-educados. Como a mãe, são trabalhadores e simpáticos.

– Fiquei feliz por você ter me perguntado. Você reza, não reza?

– Rezo, sim – respondo.

Juanita orou pedindo orientação para fazer a próxima coisa certa. Ela limpou minha casa, ágil ao passar de uma tarefa a outra, de uma oração a outra.

– Às vezes – diz –, acordo no meio da noite e rezo, depois volto a dormir. Acordo de manhã e rezo novamente.

Quando chega à minha casa no meio da tarde, Juanita já teve um dia inteiro de orações. A orientação a conduz em seu trabalho. Toda semana ela encontra algo novo para fazer. Esta semana ela limpou as teias de aranha de uma janela de fora. Não sei como conseguiu fazer isso. Sei que Lily a seguia enquanto ela trabalhava, atraída, sem dúvida, pelo bom humor e pelo fato de ela ter três cachorros em casa e adorar cães.

– Você precisa de saco de lixo, sabão em pó, detergente e filtro de café – diz ela ao terminar o trabalho. – Trago para você na semana que vem.

Grata por sua ajuda, eu me peguei agradecendo: "Obrigada, Deus, por colocar Juanita na minha vida." Ela se despede de mim com um doce adeus.

– Até segunda que vem, Julia.

– Até lá, Juanita. Obrigada!

*Deixe as coisas fluírem naturalmente da maneira que bem desejarem.*
– VERNON HOWARD

## ESCREVA EM BUSCA DE ORIENTAÇÃO

Complete as frases a seguir:

1. Uma área da minha vida em que aceito o bem é...
2. Eu poderia aceitar mais coisas boas em minha vida se...
3. Minha orientação me levou ao bem quando...

# A calma da orientação

Uma luz alaranjada e prateada ilumina o céu. As cores contrastam uma com a outra, mas se complementam. O laranja vem do sol poente, e o prateado, da noite que se aproxima. Minha sala de estar está fria e escura, mais uma vez. De novo, acendo as luzes e me acomodo para escrever. A orientação marcou meu dia, com pressentimentos, intuições, orações atendidas. Caminhando com Lily, mais uma vez me impressionei com a beleza ao meu redor: pássaros cantando empoleirados nas árvores de zimbro, paisagens com montanhas de alturas gigantescas, nuvens de chuva imponentes e majestosas, um vento refrescante que nos presenteia a todos.

Caminhei com Nick. Acompanhamos Lily, que vai trotando à frente.

– Você está feliz – observou Nick.

– Meu dia está sendo bom – respondi.

– Você está firme e centrada – comentou ele. – Calma. Tranquila.

– Obrigada – respondi, e acrescentei: – As caminhadas com você e Lily me ajudam.

Lily parou. Aproximou-se devagarinho de um passarinho no chão.

– Vem cá, Lily – chamei, puxando a guia.

– Pobre passarinho – lamentou Nick.

O pequeno pássaro era azul e dourado. Talvez um tentilhão. Frágil, pode ter batido no vidro de um carro e morrido.

– Pobre passarinho – repetiu Nick.

– Aqui, garota – repreendi Lily.

Relutante, ela abandonou seu tesouro.

A visão do passarinho me entristeceu. Eu já tive um casal de periquitos, coloridos como o pequeno tentilhão. Minha casa é uma verdadeira galeria de gravuras de pássaros. Sou como meu pai, que era observador de pássaros, e adoro bichos alados.

– O que você fez em relação ao podcast com o qual não se sentia à vontade? – perguntou Nick.

– Recusei – respondi. – Era muito louco. Um segmento de cinco minutos para apresentar "cinco dicas quentes da especialista em criatividade". Pareceu-me consistir apenas em frases de efeito. Simplesmente não me senti à vontade.

– O importante é você se sentir bem. Acho que precisa confiar na sua intuição.

– Olha, pedi orientação e me disseram que eu estava certa em cancelar minha participação.

*Você é o céu. Todo o resto é apenas o tempo.*
— PEMA CHÖDRÖN

– Então você confiou na sua orientação?
– Sim. Temos um histórico e tanto.

Lily parou ao lado da estrada, farejando. Ela estava no rastro de alguma coisa – outro cachorro, um guaxinim, um lagarto, um cervo?

– Por aqui, garota – chamei, puxando a guia para mostrar que não estava de brincadeira. – Lily, estou falando sério – repreendi-a.

Ela abandonou a caça. Ao se aproximar de nosso portão, de repente, lançou-se à frente: um lagarto! Um lagarto! Lily era rápida, mas o lagarto era mais rápido do que ela. Escondeu-se sob uma pedra e um cacto. Enganou Lily. Descemos os degraus até o jardim. Na noite anterior tinha aparecido um coelho no jardim, mas ele desapareceu.

– Vai ser uma noite adorável – comentou Nick.

A brisa fresca agitava minhas bétulas.

– Sim – concordei, pensando na minha amiga Jennifer.

Havia um alerta de furacão no sul da Flórida, onde ela morava. Ao entrar na casa recém-refrigerada, apressei-me para atender o telefone. Era Jennifer.

– O furacão já se foi! – exclamou ela, sem fôlego. – Foi rebaixado à categoria de tempestade tropical. Só queria que você soubesse que estamos bem. Talvez tenhamos que enfrentar alguns dias de chuvas torrenciais, mas é só isso.

> *Forçando a conclusão de um projeto,*
> *estragamos algo que estava quase maduro.*
> – LAO TZU

Agradeci a Jennifer por ter me informado. Nick tirou a coleira de Lily e a pendurou no cabideiro.
– Nos vemos amanhã? – perguntou.
– Sim, até amanhã – respondi e o acompanhei até a porta, abrindo-a.
– Espero que tenha uma noite tranquila e fresca – desejou-me Nick.
– Obrigada, Nick. Terei.

Ao longe, nuvens pesadas se agitam. Por aqui, o céu continua azul. O vento balança o pinheiro. Parece que o tempo vai mudar. Sento-me em silêncio, pedindo orientação. Orei "por mim e por meus entes queridos". O resultado da oração é a calma. Na calma, vem a orientação. *Ligue para Scottie*, é o que escuto.

Todo dia ao amanhecer minha amiga Scottie busca um lugar calmo para ler, rezar, entoar seus cânticos e depois simplesmente relaxar, acendendo seus incensos e enviando aos céus suas intenções. Seus dois cachorrinhos, Jackson e Moxie, a acompanham, juntando-se a ela na meditação. A casa é tranquila. Sei que, no final do dia, quando eu ligar para ela e perguntar como está, a resposta será: "Julia, estou ótima." Seu equilíbrio constante é fruto dessa prática matinal. Guiada diariamente por sua bússola interior, ela passa os dias com tranquilidade. É segura em suas interações. Sua "sorte" é constante, resultado direto da orientação.

"Eu sou guiada", diz Scottie com simplicidade. Ela é guiada e segue obedientemente a orientação que recebe. Sua fé é forte e suas ações também. Quando é guiada, ela ouve. Ao ouvir, intui um caminho. Ela segue esse caminho, um passo de cada vez. À noite, ela se senta em silêncio uma segunda vez, avaliando seu dia e pedindo mais orientação, se for o caso.

A tranquilidade de Scottie faz com que as coisas ganhem perspectiva. Eu a imagino em sua morada tranquila, acendendo calmamente um incenso.

"Minha casa é voltada para o leste", explicou-me certa vez. "Está escuro quando me levanto, mas enquanto estou meditando o sol nasce. É um momento auspicioso." Acendendo seu incenso, com toda calma e tranquilidade, Scottie saúda o dia. Seus dias são abençoados por esse momento de silêncio. Cada dia se desenrola como ela pede, "com tranquilidade e alegria".

Em busca de tranquilidade e alegria, ligo para Scottie. A casa dela fica num vale, abaixo da minha, e, com a mudança de altitude, o clima costuma ser diferente. Agora mesmo, está chovendo. Na altitude da casa de Scottie, chove granizo. Ela cantarola para seus cães como eu canto para Lily. Queremos que eles se sintam seguros, mas em ambas as altitudes há trovões e relâmpagos – os cães se assustam com eles. Lily se esconde no canto atrás do cabideiro. Os dois cães de Scottie ficam ao lado dela.

– Vou colocar os meninos na cama – diz Scottie.

– Lily está escondida – digo. – Eu também estou nervosa, embora a tempestade aqui em cima não esteja forte.

– Os meninos estão nervosos. Ligo mais tarde – afirma Scottie, e desligamos o telefone.

Meia hora se passa, sem incidentes. O temporal passou. Scottie me liga, como prometeu.

*Vivo com a fé em que existe uma Presença, uma Força maior do que eu, que me nutre e me apoia de maneiras que não consigo nem imaginar. Sei que essa Presença tudo sabe, tudo pode, e está sempre ao meu lado onde eu estiver.*
— ERNEST HOLMES

– Estive pensando numa coisa – diz ela. – Você já recorreu à orientação por escrito hoje? Acho que isso a confortaria. Você tem uma conexão muito forte. Que tal escrever para suas duas amigas já falecidas, Jane e Elberta? Acho que seria reconfortante ter notícias delas, ter uma conversa agradável. Acho que você precisa perceber que sua orientação a protege, apoiando-a a cada passo.

Scottie faz uma pausa para respirar e continua:

– A orientação que você recebe é forte e precisa. Procure-a para obter conforto.

A voz dela é firme. Ela sabe o que devo fazer.

– Vou tentar – digo a ela.

Mais uma vez, encerramos nossa conversa. Eu me acomodo na poltrona e pego a caneta para escrever.

*Encontramos apoio e incentivo nos lugares mais inusitados.*
– RAQUEL CEPEDA

"Será que eu poderia falar com Jane?" Escuto: *Julia, estou ao seu lado. Não precisa temer. A força superior cuida de você e você será bem cuidada. Existirá sempre uma escolha: ter fé ou sentir medo. Você pode escolher a fé, sabendo que está sempre sendo cuidada. Confie.*

Jane fala como falava em vida. Sua voz e sua mensagem são familiares e me reconfortam. Pergunto a seguir: "Será que eu poderia falar com Elberta?" *Julia, você é uma guerreira. Eu lhe desejo graça e resistência. Você está no caminho certo, e está indo bem. É bom falar com você.*

Scottie tinha razão. A orientação é reconfortante. Enquanto eu escrevia, as nuvens de tempestade se afastaram. A lua se ergueu sobre as montanhas e a noite está clara. Lily sai de seu esconderijo e se dirige ao deque, vigilante. Tudo está em paz.

## ESCREVA EM BUSCA DE ORIENTAÇÃO

A orientação nos acalma. Quando escrevemos para obter orientação, as decisões são mais fáceis e transitamos pelo mundo com mais tranquilidade.
Complete as frases a seguir:

1. A orientação me acalmou quando…
2. Uma decisão que tomei com base na orientação foi…
3. Vi a orientação como uma fonte de estabilidade na minha vida quando…

Agora, escolha uma pessoa já falecida cuja orientação você considere tranquilizadora. Tente entrar em contato com ela na página e escutar sua resposta.

# O apoio da conexão

Estive ontem à noite com John e Chris Kukulski, um casal feliz. Chris preparou o jantar para nós três, e nos sentamos em lados opostos de uma longa mesa rústica. John serviu três taças de chá gelado, sabor pêssego ou natural. O delicioso prato principal foi um *pad thai* de frango, saboroso e apimentado.

– Você gosta de pimentão verde? – perguntou Chris, o chef.

– Gosto.

– Ótimo, temos bastante aqui na nossa horta, vou lhe dar um pouco para você levar para casa.

– Seria fantástico – comentei com entusiasmo.

– Gosta de tomate? – perguntou John. – Temos muito também.

Deliciosas hortaliças ornavam um dos lados da horta do casal. Flores, belas e abundantes, decoravam o outro lado.

– Os cosmos estão brotando! – exclamou Chris. – Passo uma ou duas horas no jardim todo dia pela manhã.

Sua dedicação transparecia nas flores, que caíam umas sobre as outras, naturalmente buscando sol ou sombra.

– Ele faz comida para um batalhão – comentou John, com carinho. – Não sou um batalhão.

Com mais de 1,80 metro de altura, Chris lançou um sorriso para o companheiro, baixinho. John é uns 30 centímetros mais baixo que ele.

– Querem mais? – perguntou Chris, servindo-se de outra porção generosa.

John e eu recusamos. Uma porção fora suficiente.

*Cada amigo representa um mundo em nós, um mundo que provavelmente não existia antes de sua chegada, e é somente por causa desse encontro que nasce um novo mundo.*
– ANAÏS NIN

– A sobremesa é leve: sorbet de manga ou de framboesa – informou John.

– Vou querer de framboesa – falei.

– Também quero de framboesa –, manifestou-se Chris, comendo um último pedaço de frango.

– Prefiro o de manga – acrescentou John, servindo o sorbet nas pequenas tigelas.

Do quarto principal veio um miado melancólico. Era Simon, o gatinho do casal, implorando para que o deixássemos se juntar a nós.

– Ele é muito sociável – explicou Chris. – E você é nossa primeira convidada desde a pandemia. Deve estar se perguntando: "Quem é essa senhora?"

Quem será?

John, Chris e eu compartilhamos o caminho espiritual que eu sigo há décadas. Eles estão no início da jornada, mas todos concordamos com a necessidade de orientação. Cada um tem uma oração preferida, mas nós três usamos uma delas, a oração da serenidade. "Deus, conceda-me serenidade para aceitar as coisas que não posso mudar, coragem para mudar as coisas que posso e sabedoria para saber a diferença."

Chris reza enquanto cuida do jardim e se diverte ao ar livre, e John, enquanto cuida da casa, uma centenária construção de tijolinhos, repleta de antiguidades. Eu, como ambos sabem, rezo ao escrever. Nós três concordamos quanto ao valor da oração.

– Vou lhe dar uns tomates para levar para casa – disse John ao final da nossa noite tranquila, oferecendo-me um saco de tomates, enquanto Chris prometia mais uma vez que em breve haveria pimentões verdes.

– Obrigada a vocês dois – agradeci, despedindo-me.

Na volta para casa, quando o sol estava se pondo, avistei um cervo, um animal lindo e gracioso, à beira da estrada. Um final perfeito para uma noite perfeita.

Uma semana se passou – e foi uma semana agitada. O ar-condicionado recém-instalado quebrou e passei várias noites dormindo ao som do rugido de um ventilador, não muito frio, mas também não insuportavelmente quente. O calor insuportável veio durante o dia, e esperei dias pelo conserto do ar-condicionado. No início, como era de esperar, os técnicos afirmaram que a culpa era minha. Disseram que eu havia ajustado os controles de forma errada. Eles os ajustaram "corretamente" e, justo quando já estavam prestes a ir embora, os aparelhos pararam de funcionar. Foi um desafio. Começaram a testar o sistema e, ao subirem no telhado, descobriram quatro pontos de vazamento, para a tristeza deles. Depois de trabalharem praticamente o dia todo – quase oito horas –, consertaram os vazamentos e remontaram o sistema. Um dos técnicos, um homem alto e magro chamado Josh, me chamou de lado.

"A senhora não fez nada de errado", garantiu ele. "A culpa foi da equipe de instalação, que fez tudo com pressa." Soltei um longo suspiro de alívio. "Agora tudo vai funcionar perfeitamente", continuou ele. "E a senhora sabe como me encontrar se tiver algum problema."

Josh foi embora e o ar continuou funcionando. Voltei minha atenção para outro problema: os ratos! Encontrei um camundongo morto no chão da cozinha e, depois, encontrei outro. Anthony, meu habilidoso faz-tudo, explicou:

– Eles estão comendo o veneno que coloquei para eles. É por isso que você os encontra mortos. Deixe as luzes da cozinha acesas e feche a porta para sua cachorrinha não entrar. Guarde a comida do cachorro na geladeira durante a noite.

*O melhor espelho é um velho amigo.*
– GEORGE HERBERT

– Anthony, você ficaria chateado se eu contratasse uma empresa de dedetização? Tem alguém para indicar? – perguntei.

– Vou providenciar – respondeu ele. – Não fico chateado, não.

Deixei as luzes da cozinha acesas e chamei Lily, para poder fechar a porta. Como ela estava acostumada a comer à noite, desculpei-me ao colocar a comidinha dela na geladeira. Lily é inteligente, mas minhas atitudes a deixaram perplexa. Tudo isso por causa dos ratos?

No dia seguinte, Anthony me ligou cedo pela manhã. "Encontrei um profissional de dedetização para você. Aqui estão o nome e o número dele. Ele já está esperando sua ligação."

Ansiosa, anotei o nome e o número. Liguei, e uma voz firme e amigável atendeu.

– Aqui é Julia Cameron – falei. – Anthony deve ter lhe falado do meu problema.

– Sim, falou. Ele me falou de tudo que já tentou. O que acha de eu passar aí hoje à tarde? Vamos dar uma olhada no local.

Assim, embora a perspectiva de percorrer a casa em busca de ratos me assustasse, marcamos um horário. Feito isso, liguei para Nick e perguntei se ele poderia acompanhar o dedetizador. Ele respondeu que sim. Em seguida, recebi uma ligação de Juanita. Ela também disse que poderia acompanhar Gustavo, o especialista em dedetização.

Às 17h15, na hora marcada, Gustavo, Nick e Juanita se encontraram. Percorreram a propriedade e entraram em casa, onde Gustavo prontamente encontrou quatro lugares por onde os ratos poderiam estar entrando – atrás do fogão, embaixo das pias do banheiro e da cozinha, e atrás da máquina de lavar. Juanita concordou que eram pontos problemáticos. Gustavo me aconselhou, como Anthony fizera, a deixar as luzes acesas, a porta fechada e a comida de Lily na geladeira. Ele voltaria na segunda-feira, pronto para proteger o local contra ratos. Cobrou um preço razoável. "Mas pode me pagar só depois que eu fizer o serviço."

Agradeci a Gustavo, a Juanita, a Nick e, depois que saíram, liguei para agradecer a Anthony.

– Ele é eficiente e correto. Obrigada.

– Sim – disse Anthony. – Ele é um cara legal.

– Você é um cara legal – retruquei. – Obrigada.

## ESCREVA EM BUSCA DE ORIENTAÇÃO

Praticamos a arte de encontrar apoio através da orientação. Agora está na hora de nos conectarmos ativamente com as pessoas ao nosso redor. Há alguma área em que você precise do apoio de outras pessoas? Há algum amigo de quem possa se aproximar, apenas para se conectar?

Pergunte à orientação qual conexão ou apoio humano seria melhor para você neste momento. Seria interessante elaborar um plano para se conectar.

*Por trás de um rosto desconhecido pode haver um amigo esperando.*
– MAYA ANGELOU

# Colocando limites

Resolvidos os problemas domésticos, pude enfim voltar minha atenção para a escrita. Constatei que a semana em que estive afastada me trouxera clareza. De uma hora para outra, me dei conta de que uma entrevista problemática que eu havia realizado para este livro era exatamente isto: "problemática". Em vez de tentar consertá-la mais uma vez, decidi tomar uma atitude mais clara e radical: eliminá-la. Caneta na mão, encontrei as páginas problemáticas e, munida de coragem, as risquei. Agora meu livro voltava a ser meu. O ar-condicionado, os ratos e o livro eram problemas resolvidos.

Minha amiga Scottie me ligou. Comuniquei a ela a decisão de cortar a entrevista. "Que bom para você", afirmou. "Ele é arrogante, pretensioso e egoísta. Você – e seu livro – merecem coisa melhor." Validada por Scottie, livre de todo tipo de praga, acomodei-me no frescor da sala de estar. Pedi orientação e fui prontamente atendida: *Você está certa em excluí-lo do livro. Ele é arrogante e quer mais crédito do que merece.* Pensei em lhe enviar um rato morto pelo correio.

˜

Está quase na hora do meu telefonema diário para Jeannette. Assim como Scottie, ela fica feliz por eu ter eliminado a tal entrevista. Li para ela o poema bem-humorado que escrevi para me dar "coragem para eliminar o indesejado". Ele termina da seguinte maneira:

E ASSIM, FINALMENTE, A HISTÓRIA DELE FOI ELIMINADA,
POIS AQUI NÃO É LUGAR PARA MALUCO NEM NADA.

– Fantástico! – elogiou ela, e seu riso animou nossa conversa.
– Passei por momentos difíceis até escrever o poema – digo. – Escrevi também um poema sobre meu ar-condicionado:

ELES PROMETERAM FRESCOR, CALMA E TRANQUILIDADE;
MAS TUDO QUE FIZERAM FOI UM TRABALHO DE MÁ QUALIDADE.

Expostos meus dois pequenos poemas, explico:
– Quando consigo ser engraçada, recupero meu poder.
– Sim – concorda Jeannette –, com certeza.
Leio para ela o texto sobre enviar um rato morto pelo correio. Ela ri novamente. Sinto minha conexão com ela se aprofundar. Nossas risadas pairam no ar.
– Você gostou dos poemas.
– Gostei mesmo. E acho que o humor devolve o poder. Talvez agora você possa escrever com mais liberdade.
– Espero que sim. Tive uma semana cheia de pragas e toxinas.
– O que diz sua orientação?
Eu recito:

PEQUENA, VOCÊ ESTÁ EM PAZ AGORA,
TODOS OS PROBLEMAS MANDOU EMBORA.

– Verdade! – exclama Jeannette. – Estou vendo um avanço aqui!
E eu lhe pergunto:
– Você confia em minha orientação, não é?
– Com certeza – responde ela. – O que ela lhe disse hoje?
Volto à orientação da noite, lendo-a em voz alta:
– *Estamos no caminho certo. Você vai escrever bem e estamos orgulhosos de você.*
– Você consegue mergulhar nisso de cabeça? – pergunta Jeannette.
– Ainda não – digo a ela.
Mas um pequeno poema já está tomando forma na minha cabeça.

ESTE BREVE POEMA VAI PARA OS RATOS:
ACABO COM TODOS VOCÊS, SEUS GAIATOS!

E um momento depois, mais um.

ESTE POEMA VAI PARA CADA AMIGO:
COM UM FINAL FELIZ, SEMPRE COMIGO.

Penso em Scottie e Jeannette, ambas morrendo de rir com minhas palhaçadas. Penso em Jennifer e Emma, ambas torcendo por mim durante meu bloqueio. O humor abre portas, invento uma nova rima. Vamos lá:

MEU LAR UM POEMA MERECE;
BASTA UMA RIMA E A CASA FLORESCE.

Recorro mais uma vez à minha orientação. Leio: *Não há erro em seu caminho*. Acrescento: "Foram os problemas que causaram sua ira."
– Você é capaz de aceitar sua raiva? – pergunta Jeannette.
– Agora que escrevi, grito em alto e bom som!

E COM ISSO OS POEMAS CHEGAM AO FIM,
POIS MINHA RAIVA JÁ DESCARREGUEI, SIM!

*Sentir-se à vontade consigo mesmo
é uma demonstração de amor-próprio.*
– H. RAVEN ROSE

*No universo há coisas que são conhecidas e coisas
que são desconhecidas, e entre elas há portas.*
– WILLIAM BLAKE

## ESCREVA EM BUSCA DE ORIENTAÇÃO

Há muito tempo acredito no poder de escrever poemas tolos para ajudar a "direcionar" minha energia. Complete as frases a seguir:

1. Uma pessoa que tem me incomodado é...
2. Gostaria de...
3. Minha orientação sugere que...

Agora, escreva um poema tolo para a pessoa ou situação que está incomodando você. Veja se após fazer isso seu humor mudou e trouxe de volta sua energia.

*Podemos ver a raiva como uma sentinela,*
*vigiando nossos limites, pronta para defendê-los.*
– JESSICA MOORE

# SEMANA 4

## *Um convite ao otimismo*

Nesta semana, você vai usar a orientação para convidar conscientemente o otimismo para a sua vida. Vai explorar as áreas em que pode perdoar a si mesmo e encontrar esperança. A esta altura, é provável que a orientação lhe chegue cada vez mais facilmente. Espero que você esteja experimentando sua constância, passando a confiar e a contar com ela. Você também vai tentar usar a orientação em seus projetos criativos, como os artistas fazem há séculos. Avaliar seus pontos positivos – tudo aquilo que você fez corretamente – vai ajudar você a desenvolver uma identidade otimista e bem estabelecida. Você não é impotente. Existem inúmeras ocasiões em que é capaz de identificar coisas boas que tenha feito. Por exemplo: "Comi bem hoje." "Caminhei." "Mantive o equilíbrio emocional durante uma conversa difícil." "Usei minha força com delicadeza, dizendo o que queria dizer – mas não de forma maldosa."

# Orientação para perdoar a mim mesmo

*S**ua necessidade é de gentileza,* diz a orientação. *Escreva sobre o autoperdão. Você será guiada.*
Li a orientação mais uma vez. Definitivamente, eu precisava de gentileza. Estava me martirizando por causa dos meus erros. Eu havia passado a tarde "visitando" um clube do livro e a "visita" havia se mostrado difícil. O clube contava com trinta pessoas, todas trabalhando em meu livro *O caminho do artista*. Quando cheguei (a reunião era pelo Zoom), encontrei apenas um punhado de gente. "Conversamos" durante uma hora, e os participantes fizeram poucas perguntas. O moderador acabou preenchendo o vazio com perguntas que estavam muito distantes do meu livro. Respondi aos questionamentos dispersos da melhor forma que pude, esperando ser útil. Acabei sendo gentil com o pequeno grupo, na esperança de convencê-lo a avançar. A visita terminou com uma nota positiva e, de uma hora para outra, comecei a desanimar.

*Para ter fé, é preciso seguir o poder de um sussurro.*
— SHANNON L. ALDER

"Será que eu deixei de dizer alguma coisa?", perguntou meu senso crítico, percorrendo uma lista de coisas que eu poderia e deveria ter dito. Tentei, em vão, parar de pensar no que eu poderia ter feito para acertar. E deparei com uma lista de pontos negativos. Eu não tinha sido uma pessoa inteligente, bem-humorada, carismática. Ao contrário, tinha sido... O quê? A resposta veio das minhas profundezas: "Você não foi boa o bastante."

*Quando parei para recuperar o fôlego, notei que tinha asas.*
– JODI LIVON

Liguei para minha amiga Emma Lively. Ela havia participado do clube do livro.

– Emma – falei –, estou péssima.

– Julia, você se saiu bem – respondeu ela. – Disse coisas gentis e estimulantes. Anotei algumas delas. Seus comentários me pareceram muito sábios.

Animada com o incentivo de Emma, pedi que ela me contasse o que eu havia dito. Emma me transmitiu suas anotações. Fiquei surpresa – eram palavras gentis, amáveis, estimulantes e até inspiradoras. Percebi que eram mais do que suficientes. Eu tinha a expectativa de ser inteligente, mas minhas palavras foram ainda melhores. Foram úteis. Pedi aos meus amigos que orassem por mim e eles o fizeram. Percebi que o problema era meu ego, que estava fora de sintonia. Ele exigia que eu fosse perfeita, ou seja, "brilhante". Mas "brilhante" não era o que eu precisava ser. Eu precisava ser "útil".

## ESCREVA EM BUSCA DE ORIENTAÇÃO

Complete as frases a seguir:

1. Gostaria de ser mais gentil comigo mesmo quando…
2. Não consigo me perdoar por…

Agora, dirigindo-se à sua orientação, escreva as perguntas a seguir e aguarde a resposta:

1. Como posso ser mais gentil comigo mesmo?
2. O que posso fazer para me perdoar mais?

## Orientada à esperança

O dia estava lindo quando acordei. O sol brilhava no céu. O clima sombrio de ontem se fora.

"Sobre o que devo escrever?", perguntei à orientação. A resposta veio logo: *Escreva sobre esperança.*

O tópico me atingiu em cheio. Afinal, ontem mesmo eu estava desesperançada. Meu amigo Nick chegou para me resgatar.

– O que você acha da esperança? – perguntei a ele.

Nick respirou fundo e respondeu:

– A esperança é fundamental. É o alicerce da oração. Você espera e ora para uma situação se resolver. Há dias em que me sinto desesperançado, como você estava se sentindo ontem; nesses dias, não consigo orar, mas esses dias passam e a esperança é restaurada.

– Então a esperança é essencial – repliquei. – A esperança e a fé.

– Sim. Veja como hoje você está se sentindo muito melhor do que ontem.

Nick tinha razão, mas justo naquele momento Lily chamou a atenção dele. Ela tinha esperança de que ele a levasse para passear.

*Que maravilha é o fato de ninguém precisar esperar um momento sequer para começar a melhorar o mundo.*
– ANNE FRANK

– Já vai, garota – disse Nick, pegando a coleira dela no cabideiro.

Lily deu outro pulo, toda animada. Nick conseguiu colocar a coleira nela. Saímos os três para uma caminhada, seguindo a direção norte pela estrada de terra onde Lily tinha a esperança de encontrar lagartos. Ela avistou dois, mas eles correram em direções opostas e ela não conseguiu pegá-los.

Quando passamos pelo bosque de zimbros, o canto dos pássaros encheu o ar. Nick se apressou para acompanhar Lily, que farejava ansiosamente na beira da estrada, esperando encontrar outros lagartos.

– Por aqui, garota – disse Nick com firmeza, puxando a coleira dela para reforçar que era o líder.

Relutante, Lily se deixou levar. Sua esperança de caçar lagartos fora frustrada, e só voltou à tona quando estávamos no caminho de casa.

*Escreva em seu coração que todo dia é o melhor dia do ano.*
– RALPH WALDO EMERSON

– Ela tem esperança – brinquei com Nick, que segurava a coleira com firmeza.

Lembrei-me do dia em que Lily havia encurralado um lagarto. Será que tinha sido tão delicioso a ponto de ela ter ficado para sempre com a esperança de comer outro? Nick a conduziu até a porta. Agradeci a companhia e me retirei com Lily para o frescor de dentro de casa. Meu telefone estava tocando. Atendi com alegria. Era Jeannette.

– Jeannette – respondi, ofegante. – O que você acha da esperança?

– A esperança é essencial – disse ela. – É a força tácita que nos leva a continuar. Se eu não acreditasse na esperança, não teria motivo para orar.

Eu sabia que Jeannette acreditava no poder da oração.

– Continue – pedi, incentivando-a a seguir em frente.

– Quem não tem esperança não pode orar. Se não acreditarmos que nossas orações darão algum resultado, não teremos motivos para orar. Pense nisso. Você está seguindo um caminho e espera que algo seja diferente. Espera e confia em que algo será melhor.

– Eu sei que você ora pela manhã – falei para ela. – E à noite?

– Oro à noite para aplacar a ansiedade. Repito uma palavra sem parar. Ajuda, misericórdia, paz. Ajuda é uma boa prece de uma palavra só. Eu digo uma palavra e peço que a ansiedade passe.

– Você costuma se ajoelhar quando reza? – insisti.

– Não, só ajoelhava quando era pequena. Eu rezo fazendo compras, lavando a louça, escovando os dentes, fazendo faxina. À noite, rezo na esperança, olha ela aí de novo, de um amanhã melhor.

– Você reza por mim à noite? Para que eu tenha um amanhã melhor?

– Sim, sim.

– Bem, suas preces de ontem à noite foram atendidas. Tive um dia melhor hoje.

– Eu esperava que você tivesse – disse Jeannette, despedindo-se –, e orei por você.

## ESCREVA EM BUSCA DE ORIENTAÇÃO

Todos nós temos esperança. Uma das maneiras mais rápidas de entrarmos em sintonia com nossa esperança – e seu poder – é recorrer à ferramenta a seguir. Pegue uma caneta e, escrevendo o mais rápido que puder, complete as frases abaixo:

1. Eu tenho esperança de que...
2. Eu tenho esperança de que...
3. Eu tenho esperança de que...
4. Eu tenho esperança de que...
5. Eu tenho esperança de que...
6. Eu tenho esperança de que...
7. Eu tenho esperança de que...
8. Eu tenho esperança de que...
9. Eu tenho esperança de que...
10. Eu tenho esperança de que...

*Até a noite mais escura acabará.*
*E o sol nascerá.*
– HERBERT KRETZMER

# Abrindo mão do controle

A fumaça encobre as montanhas ao norte e ao leste. A floresta arde em chamas. As cinzas invadem o ar em minha casa, a 20 quilômetros de distância. Se eu sair e respirar fundo, meus pulmões começam a arder. A linda cidadezinha de Tesuque está no trajeto do incêndio; uma mulher que conheço, Marisa, mora em uma casa isolada, a curta distância do fogo. Torço para que não aconteça nada com ela. Se aqui na minha casa a situação já é assustadora, imagino na dela; espero que esteja a salvo. Penso nos incêndios que aconteceram no ano passado na Califórnia, nas casas e vidas destruídas. Comparativamente, nosso incêndio é pequeno – até agora – e em breve será contido. Espero que sim, pelo bem de Marisa.

O fogo distante desperta um medo primordial. A fumaça que paira no ar gera ansiedade. Quando o pôr do sol se aproxima, o vento muda e as montanhas ficam visíveis. A oeste – longe do fogo –, o céu tem uma coloração alaranjada. O sol, uma bola de fogo, desce no horizonte.

"Sobre o que devo escrever?", pergunto à página. Quero ouvir a orientação, mas meus pensamentos estão no incêndio e as palavras me escapam. Eis que escuto: *Sua necessidade é de oração. A ajuda vem de muitos lugares.* Telefono para minha nova amiga Susan, que mora na Califórnia.

– Estou num humor péssimo – digo.

Não menciono o incêndio. Afinal, ela é da Califórnia, onde incêndios são *incêndios mesmo*.

– Você tem todo o direito de ter um dia ruim – responde ela. Sua voz vem acompanhada de uma risada calorosa e anos de experiência em um caminho espiritual.

– Detesto me sentir assim – respondo.

Em seguida, narro o que está me irritando – pessoas egocêntricas –, exatamente o sentimento egoísta que toma conta de mim hoje. Ainda não mencionei o incêndio e o fato de o ar estar me deixando com os nervos à flor da pele. Susan diz que entende o fato de algumas pessoas me irritarem. Concordamos em conversar no dia seguinte, quando espero estar mais bem-disposta. E se o fogo se aproximar durante a noite?

∽

Pela manhã, o vento traz a fumaça. As montanhas são meras silhuetas ao longe. O ar carregado de cinzas revela a persistência obstinada do fogo. Ligo para Marisa para saber notícias.

"O fogo ainda está a uns 3 quilômetros de distância daqui", diz ela, com a voz rouca por causa das impurezas levadas pelo vento. "O vento está mudando, levando o fogo na direção oposta. Vou ficar bem."

Como Marisa disse, a direção do vento está mudando. As montanhas entram em foco, poupadas da catástrofe.

"O incêndio logo será contido", diz Nick ao telefone. "O vento está soprando nas direções norte e oeste. Nenhuma estrutura em Tesuque foi atingida."

Olhando pela janela, vejo as provas do relato de Nick. Ainda se avista fumaça sobre a pequena Tesuque, mas já é bem menos espessa. Espalhou-se em outra direção, rumo a terras desabitadas. Minha cadelinha, Lily, se arrisca a sair para o deque. A fumaça não faz mais seus olhos arderem. Deitada ao sol, ela descansa, tranquila. Chamo-a para dentro; ela vem, relutante. Prometi levá-la para passear. Ontem, com a fumaça e o calor, tive que prendê-la em casa. Agora, coloco a coleira nela e saímos para caminhar. A temperatura ainda está acima de 30 graus, mas hoje uma brisa refresca nossa caminhada. Lily está atenta aos lagartos, mas não há nenhum à vista. Frustrada, ela trota à minha frente. Puxo sua coleira – "Calma" –, afinal, nossa caminhada é agradável. O vento levanta a pelagem dela.

*Parte de ser otimista é manter a cabeça apontada para o sol,*
*os pés se movendo para a frente.*
– NELSON MANDELA

Voltamos para casa. O telefone está tocando. É Laura, preocupada com o incêndio. Em Chicago, a notícia de um incêndio florestal já se espalhou.

– Laura, o fogo está se afastando – digo.

– Mas o incêndio já foi contido? – insiste ela.

– Estão dizendo que será contido em breve. O ar está muito mais limpo. Levei Lily para passear.

A notícia do meu passeio com Lily parece tranquilizá-la.

– Estou rezando por você – diz ela. – Para que fique a salvo.

Agradeço suas orações. Da distante Chicago, sinto sua boa vontade.

*Estou muito longe de ser um pessimista... Ao contrário, apesar das minhas cicatrizes, estou muito satisfeito com a vida.*
– EUGENE O'NEILL

Sedenta, Lily corre para o potinho de água. Pego uma garrafa de água na geladeira. Penso que, embora tenha melhorado, a fumaça ainda paira no ar. Ao pôr do sol, as montanhas estão cobertas de nuvens escuras. Talvez o céu clareie amanhã.

∾

Mais um dia cinzento e pesado. O fogo é uma saga contínua: as montanhas são apenas sombras. Ventos carregados de fumaça escondem seus picos. Ameaça chover, mas a chuva não cai. O incêndio ainda não foi contido. Meu pinheiro está verde-escuro contra um céu cinzento e brilhante. Os passarinhos se abrigam em seus ramos verdejantes. Não ouvi o canto dos pássaros quando passamos por um bosque de zimbros durante minha caminhada com Lily. O ar enfumaçado silenciou os pássaros. Talvez tenha arranhado suas gargantinhas.

O sol desce sobre as montanhas; é mais um tom de cinza. O pôr do sol é silencioso. As nuvens de chuva levam sua carga de água para longe do fogo. Há previsão de chuva para o fim da semana, mas precisamos dela agora. O fogo continua ardendo e as nuvens de chuva são uma mera provocação, e logo desaparecem.

O incêndio não está próximo da minha casa. Entre o fogo e onde moro há uma cordilheira de montanhas bem altas. Desde que os ventos soprem para o norte e o oeste, não tenho com que me preocupar. Mas o ar pesado me sufoca, como sufocou o canto dos pássaros. Tento escrever, mas as palavras me escapam. Só tenho vontade de escrever uma palavra: FOGO!

∽

O ar pesado de cinzas escurece as montanhas. Ao caminhar com Lily, meus olhos ardem e meus pulmões queimam. Talvez seja tolice me aventurar a sair. A cachorrinha tosse – uma tosse delicada –, e penso nos animais que estão fugindo do fogo. Muitos devem estar sem abrigo, pois o fogo os destruiu. Sua segurança está ameaçada e eles fogem das chamas. Os bombeiros avistam veados e ursos. Os primeiros fogem com agilidade; os segundos, pesados, se unem em bandos para enfrentar o perigo. Interrompo a caminhada com Lily e levo-a de volta para casa, onde uma tigela de água fria acalmará sua garganta irritada.

Olho pela minha janela para as montanhas, cujo contorno hoje mal aparece. O incêndio continua e a tristeza é levada pelo vento. Quando a chuva finalmente cair, será como se o céu estivesse chorando. Tanto desperdício – uma floresta destruída. O verde se transformou em preto, uma mortalha sobre a terra. A tristeza paira no ar.

*Nesta hora, não acredito que a escuridão perdure!*
– J. R. R. TOLKIEN

Até eu estou melancólica. Passei o dia inteiro triste. "Está no ar", afirma Nick. Ele também está triste. "Não existe um motivo concreto", diz, mas Nick é uma alma sensível e sua dor pela fauna e pela flora é profunda, assim como a minha. De hora em hora, ele verifica as notícias sobre o incêndio. "Dezoito por cento contido", informa, e aguarda notícias melhores.

O sol está se pondo; Lily anda de um lado para outro. As trovoadas anunciam chuva, mas não chove. Ninguém disse como o incêndio começou. Uma fogueira? Agora não importa. Seja como for, o fogo se espalhou. No início, era um incêndio pequeno, depois tornou-se um maior e agora é um grande incêndio. Talvez não em comparação com os incêndios da Califórnia, mas grande o suficiente para nos assustar em Santa Fé.

Enquanto os trovões ressoam e a chuva não cai, Lily geme baixinho, andando pela casa. A tempestade abortada não é natural e ela está nervosa.

> *Qualquer coisa pode acontecer, criança,*
> *QUALQUER COISA pode ser.*
> – SHEL SILVERSTEIN

"Está tudo bem, garota", tento acalmá-la, mas ela não se convence. E quem pode culpá-la? O estrondo do trovão se transforma em um rugido. Nada de chuva. Estou ficando tão nervosa quanto Lily. "Está tudo bem", digo a nós duas. Além do meu pinheiro, não há montanhas visíveis no leste e no norte. A fumaça as encobre. Por trás de seu véu, o fogo lambe, faminto. A floresta é vítima de seu apetite. A chuva prometida retardaria sua propagação, mas ela não cai.

E agora o trovão emudece sua voz. A tempestade passou por nós.

Lily pula para a poltrona, ao meu lado. Lambe minha mão. Se ela pudesse escrever, nos diria para ficarmos em paz. O vento está mudando e as montanhas estão novamente visíveis, prateadas e imponentes contra o céu. A lua se ergue, obscurecida pela fumaça que se move. As estrelas estão escuras.

O telefone toca. É Scott Thomas. Ele me conta que a chuva que passou ao largo da minha área caiu com força na casa dele. "Teve de tudo: trovões, relâmpagos e chuva", conta. Minha melancolia diminui com essa notícia. Agora posso esperar que o incêndio seja finalmente controlado.

### ESCREVA EM BUSCA DE ORIENTAÇÃO

Complete as frases a seguir:

1. Uma área da minha vida que não posso controlar é…
2. Eu gostaria que…
3. Tenho medo de…

Agora, escreva as perguntas a seguir e peça orientação. O que você ouve?

1. Como posso aceitar a falta de controle?
2. Como posso entregar essa situação a uma força superior?
3. Que atitude posso tomar?

*Escolha ser otimista, é melhor.*
– DALAI LAMA XIV

# Confiança na orientação

Em Santa Fé, a temperatura passa dos 32 graus e o dia está enfumaçado. No norte de Michigan, onde meu amigo artista, Ezra Hubbard, está passando o verão, o dia está claro e a temperatura mal passa dos 18 graus.

"Oi", diz Ezra quando atendo. "Sonhei com você na noite passada e interpretei o sonho como um sinal para telefonar."

Ezra está usando camisa polo azul-marinho, bermuda cáqui e tênis verde. Fez um longo passeio de bicicleta para refletir e me liga, preparado para falar sobre orientação.

"Eu me levanto às seis da manhã", começa. "Meu despertador me acorda com luz, não com som, e eu me levanto antes de o sol nascer. Sento-me na beirada da cama para fazer alguns exercícios de respiração profunda e depois vou tomar café e escrever."

Ezra faz uma pausa para organizar os pensamentos. "Escrevo as páginas matinais logo cedo, seja em meu estúdio ou na varanda. Fico em silêncio e escuto. Às vezes recordo sonhos, ou partes deles, e os anoto. Escrevo três páginas, reunindo meus pensamentos, e depois escrevo mais uma página com tudo o que espero realizar nesse dia, até mesmo o horário em que farei cada coisa."

Ezra faz outra pausa, pois quer ser preciso. E continua. "Escrevo e, depois, começo a desenhar. Desenho peças que já fiz e peças que vou fazer, uma espécie de registro visual do trabalho em andamento. Isso me toma cerca de uma hora e meia. Para mim, cria um loop de feedback. Vejo as esculturas que fiz e experimento novos desenhos. No fim do dia, analiso o que fiz. Comparo com a lista do que esperava fazer."

Ezra limpa a garganta. A conversa, para ele, é pura emoção. "Confio na orientação que recebo porque preciso. Às vezes, duvido um pouco quando não escuto muitos conselhos, mas dou uma volta e a orientação retorna. Ao rever meu dia, vejo o que aprendi."

De onde está sentado, Ezra avista árvores altas e, ao longe, o Lago Michigan. Perto dali há uma única macieira com frutos que amadurecem lentamente.

"Acredito que estou sendo guiado", continua Ezra. "Às vezes, a orientação é confusa, mas, quando olho para trás, vejo que sempre faz sentido. Cada peça que faço tem uma mensagem a transmitir, até nas formas e nas linhas. Sim, há mensagens no trabalho – com toda certeza. Às vezes, é uma conversa com uma pessoa ou com o que podemos chamar de 'espírito' da peça."

*A melhor maneira de não se sentir desesperançado
é se levantar e fazer alguma coisa.*
– BARACK OBAMA

Digo a Ezra que tenho uma peça dele bem ali, na minha sala. É um disco redondo de madeira dividido por uma cruz. Sua mensagem tem um fundo espiritual. Emociono-me toda vez que a vejo, desde sempre.

"Sim!", exclama Ezra, animado ao constatar que sua obra é valorizada. Digo a ele que sua escultura me traz paz e alegria.

"Faço longos passeios de bicicleta para clarear meus pensamentos", acrescenta Ezra, pensativo. "Funciona como correr: me dá um senso de direção."

Ezra aperta o cinto. Sua bermuda está folgada em seu corpo esguio. Ele une as mãos e depois as abre com as palmas para cima.

"Aqui em Michigan eu tenho tempo e espaço para criar, mas sinto falta da companhia de outros artistas. Dá para encontrar outros artistas pelo Zoom, mas não é a mesma coisa. O isolamento tem pontos positivos e negativos: me dá espaço para trabalhar, mas não posso negar que é solitário."

Com páginas diárias e passeios solitários de bicicleta, Ezra é sua única testemunha. Ele resume tudo da seguinte maneira: "Confio na orientação porque tenho que confiar."

> *A esperança é uma coisa boa... talvez a melhor, e o que é bom nunca morre.*
> – STEPHEN KING

O incêndio ainda não acabou, mas está melhor. No lugar de um céu repleto de fumaça, há uma única nuvem de fumaça. A chuva que não caiu onde moro caiu sobre o local do incêndio. Foi apenas uma garoa, não um aguaceiro, mas ajudou.

O céu mais claro foi motivo de otimismo. O incêndio acabaria passando. Há previsão de mais chuva. À noite, observo o céu e as montanhas se destacam em baixo relevo. Em vez de um véu de fumaça, há nuvens. O pôr do sol brilha no oeste – em um tom de topázio, ilumina o resto de fumaça que ainda está no ar.

Dou aulas há quatro décadas, desde que tinha 32 anos. Estou com 72 anos e tenho muita prática. Cada aula é única, e cada aula requer oração. Peço orientação quanto ao que ensino e como ensino e, assim, encaro meus alunos, ouvindo sempre palpites ou a intuição sobre como proceder.

Gosto de escrever antes das aulas. Peço amor, serviço, humor, sabedoria e, sim, carisma. Peço orientação específica para saber exatamente como agir. Hoje, ao escrever para obter orientação, ouvi: *Comece a aula com poesia e música.* Sou poeta e compositora, mas não teria me ocorrido levar minha poesia e minha música para a sala de aula. Com o passar dos anos, aprendi a ser obediente, a seguir a orientação, por mais absurda que possa parecer. Assim, hoje, comecei a aula com um poema, "Why We Write" (Por que escrevemos). Gostei de sair de trás de minha persona de professora novamente e me revelar como artista, a artista que escreveu *O caminho do artista*.

Nas aulas, a orientação me chega não como uma voz, mas como um impulso. *Faça isso a seguir.* E eu faço *isso* em seguida. *Cante*, me instruiu a orientação hoje, e eu cantei, *a cappella*, uma pequena canção que havia composto. *Você vai liderar pelo exemplo*, havia me aconselhado minha orientação por escrito antes da aula e, assim, me vi ensinando com ousadia, compartilhando histórias de minha experiência como escritora.

*Você vai precisar ser vulnerável,* fui aconselhada, e me vi dizendo à turma que, depois de quarenta livros, ainda tenho a sensação de que sou uma impostora, não uma escritora de verdade, seja lá o que isso signifique. Falei sobre meu crítico interior, que chamo de Nigel. Nigel é um decorador de interiores britânico e nada do que escrevo é bom o suficiente para seus padrões elevados. Escrevo desde os 18 anos e as críticas de Nigel me acompanharam a cada passo do caminho. "Obrigada por sua opinião, Nigel", aprendi a rebater com essas palavras suas saraivadas de negatividade. Artistas bem-sucedidos aprenderam a criar diante do medo, não porque sejam destemidos. Escrevi livros inteiros com Nigel soprando em meu ouvido. "Obrigada pela sua opinião, Nigel", aprendi a responder. Assim, liderando pelo exemplo, vulnerável conforme me instruíram, sirvo de modelo de criação para meus alunos, apesar do medo.

*A criatividade exige coragem.*
— HENRI MATISSE

Minhas aulas duram uma hora e meia, e esses noventa minutos me deixam exultante e exausta. Encerrei a aula de hoje com outro poema e fiquei admirada com a organização da minha orientação.

## ESCREVA EM BUSCA DE ORIENTAÇÃO

Complete as frases a seguir:

1. Uma área da minha vida em que preciso confiar na orientação é...
2. Uma ocasião em que a orientação demonstrou ser confiável foi...
3. Desconfio que posso confiar na minha orientação em relação a essa questão porque...

*Há momentos em que é preciso ter muito mais força para saber quando abrir mão e, em seguida, fazê-lo.*
— ANN LANDERS

# A firmeza da orientação

As montanhas são como gravuras no céu. Nuvens brancas e volumosas coroam seus picos. Acima das nuvens, o céu está azul. Estrelas pontiagudas cravejam o céu, que escurece aos poucos. A noite está tranquila. Empoleirada em minha poltrona, olho pela janela e fico impressionada com a calma da natureza. O incêndio foi contido.

*Escreva sobre firmeza* é o conselho que recebo, e busco em minha psique um centro de calma. Onde está? Continuo perturbada com o incêndio e as emoções provocadas por ele. Amo minha casa e me senti em risco. O vento e a fumaça traziam perigo e eu o senti. Recorri a Nick para me manter informada sobre o progresso e a direção do incêndio. Ele, pelo menos, estava calmo.

"O fogo está se afastando, tomando outra direção. Você não tem nada a temer", me aconselhou ele, intuindo a ansiedade oculta na minha voz aparentemente calma. "O vento está soprando nas direções norte e oeste", garantiu-me. "Sua casa fica ao sul e a leste."

A segurança de Nick me acalmou. Quando a fumaça se dissipou do céu, fiz uma oração, agradecendo. "Obrigada", orei, respirando, aliviada. "Obrigada." Da janela, vejo o céu e as montanhas. Quando a fumaça se foi, voltei a avistar minhas velhas conhecidas: as montanhas.

*Pois, afinal, a melhor coisa que podemos fazer quando chove é deixar chover.*
– HENRY WADSWORTH LONGFELLOW

Meu caminho espiritual me garante que tudo está – sempre – bem. *Você está a salvo e protegida*, garante a orientação. *Está tudo bem*. As palavras me acalmam. Repito, como um mantra: *Está tudo bem*.

> *Revele seu próprio mito.*
> – RUMI

Mas é preciso ter fé para aceitar a orientação. Meus nervos em frangalhos precisam de fé. Peço mais uma vez ao Grande Criador. Ouço, com firmeza: *A Terra vai se curar*. Pela janela, olho para o norte e constato que as nuvens de fumaça desapareceram. Há previsão de chuva para o final da noite e a terra queimada esfriará. Nuvens de vapor surgirão das cinzas. A umidade encharcará a floresta derrubada. Das cinzas surgirá um novo crescimento.

"Está tudo bem", digo a mim mesma, observando a lua crescente que abençoa o céu. É a lua dos novos começos. "Está tudo bem", me diz a lua nova. Eu acredito.

∽

Estou deitada na cama – com preguiça de me levantar – quando o telefone toca. Dou uma olhada no identificador de chamadas e me apresso em me levantar. Do outro lado da linha, Ed Towle, meu amigo próximo há 42 anos. Eu o visualizo alto e esguio, de cabelos loiros, barbudo, com um sorriso característico no rosto. Ele está retornando a ligação que eu havia feito na noite anterior, quando cheguei à conclusão de que precisava de uma dose de seu bom humor. Quando os tempos são sombrios, Ed é uma fonte de alegria. É um otimista inveterado. Ele cultiva um humor solar, rindo com facilidade e se divertindo com os caprichos da vida. Ele diz: "Quero dormir até a pandemia acabar." Mas não está dormindo. Está me ligando.

– Já acordou? – pergunta.
– Quase – respondo.
– Então, o que você anda fazendo? Escrevendo?

– Estou escrevendo um livro sobre orientação.

– Ah. Um tema difícil. Você vai precisar de orientação para escrever sobre orientação. Você joga boliche?

– Já joguei.

– Então deve saber que, quando as crianças jogam boliche, colocam-se protetores nas laterais da pista para a bola não correr para lá. É isso que a orientação faz, usa protetores que nos mantêm no caminho.

Imagino Ed feliz. E imagino protetores enormes amparando o nosso caminho, o meu e o dele.

– Você ora quando precisa de orientação? – pergunto, imaginando-o de joelhos, rezando, mantendo-se firme antes de fazer seu pedido.

– Não chamo de "oração" – responde ele. – Embora na verdade seja. Eu não vou à igreja. O quintal lá de casa serve. Qualquer lugar tranquilo. Eu me sento, reflito sobre o que me aflige e minha mente logo se agita, acelerada e barulhenta. Depois de um tempo, sinto minha mente se aquietando, suave e lentamente. É quando vem a orientação. Sinto que minha mente passa a fluir de forma mais calma, tranquila. A mente acelerada e barulhenta desaparece. É então que a orientação chega a mim. Eu sei o que fazer.

A vida de Ed é tranquila. Sua confiança na orientação é casual e orgânica. Quando está preocupado, ele simplesmente se retira para o silêncio do quintal. Lá, senta-se calmamente, esperando que a mente se acalme e se esvazie. A pergunta que o perturbou entra em foco: durante a espera, a resposta substitui a pergunta.

– É simples, na verdade – diz, resumindo a experiência.

Ele pede orientação e ela vem. Não é nada de mais, mas é algo em que ele confia.

*A imaginação é mais importante que o conhecimento. O conhecimento é limitado. A imaginação abrange o mundo inteiro.*
– ALBERT EINSTEIN

## ESCREVA EM BUSCA DE ORIENTAÇÃO

Ao escrever para pedir orientação, encontramos um centro de calma. Podemos também procurar conscientemente um lugar calmo – um parque, um jardim, uma igreja ou sinagoga – para entrar em contato com uma calma maior ao nosso redor.

Munido de caneta e papel, procure um lugar tranquilo. Peça orientação sobre qualquer coisa que o esteja preocupando e escute a resposta. O ambiente melhora sua capacidade de ouvir a orientação?

# Orientação e arte

Brendan Constantine é poeta – um poeta notável –, além de orador eloquente e articulado. Com a cabeça raspada desde 1997 e olhos azuis penetrantes, ele é uma figura marcante; está usando camisa xadrez, jeans, meias amarelo-canário e sapatos escuros. Usa seus óculos de leitura para enxergar melhor suas observações. Ele fala rápido, com entusiasmo, feliz por ajudar.

"Minhas orações não são formais. São muito coloquiais. Não entendo bem o que é Deus – a força que criou as moléculas, os meteoros e as montanhas –, mas converso com ele com toda a sinceridade, às vezes em voz alta, às vezes em um sussurro. Falo com Deus assim que acordo. Falo como se fosse com alguém que estivesse ao meu lado, uma pessoa íntima. Peço para ser útil. Uso essa palavra. E assim começa meu dia."

Brendan respira fundo e segue em frente. "O que manifesto como artista está intimamente ligado à minha vida espiritual. Meu desejo de ser útil – e uma postura de aceitação – possibilita minha arte. Outra palavra para isso é 'assombro'. Um diálogo com tudo em meu dia. Minha conversa com uma força superior sobre os caminhos do universo. Ao longo do dia, sou abençoado com visão suficiente para avançar em direção ao horizonte. Como se algo estivesse dizendo: '*Continue, continue, avance só mais um pouco.*' Isso é orientação e eu sigo a orientação."

*Todas as grandes conquistas da ciência nascem do conhecimento intuitivo. Acredito em intuição e inspiração... às vezes tenho certeza de que estou certo, embora não saiba por quê.*
– ALBERT EINSTEIN

*Somos curiosos… e a curiosidade continua nos mostrando novos caminhos.*
– WALT DISNEY

Brendan se inclina para a frente, na tentativa de ser claro. "Eu diria que, por ter tido uma experiência rica em orientação, às vezes a busco com muita intensidade. Fico preso na autoconsciência. Não importa quanto eu me sinta conectado, continuo sendo o mesmo ser humano imperfeito."

Brendan suspira. Seu tom é confessional. "Eu sinto a orientação em minha escrita. Às vezes, parece que o poema já existe em algum éter, que é uma entidade com a qual estou negociando, não criando… Há outros momentos em que me sinto dolorosamente ciente de que estou criando algo e isso parece um ato de vontade de minha parte. A orientação pode estar pedindo ajuda. Às vezes, para outra pessoa."

Brendan limpa a garganta, consciente de que está falando rápido. Ele se apressa em continuar. "A orientação é algo que busco para fazer o que devo fazer, para realizar bem minha arte. No entanto, acredito em cometer erros porque talvez o erro seja a forma que a orientação assume. Há lições que só podemos aprender dessa maneira."

Brendan é a voz da experiência. Ele escreve em tempo integral desde 1994 e aprendeu seu ofício por tentativa e erro. "Às vezes, penso: 'Nossa, espero nunca mais fazer isso de novo.'"

E no entanto, de modo geral, o arco de sua arte tem sido positivo. "Venho trabalhando com seriedade há duas décadas e meia e, durante todo esse tempo, minha orientação e minha arte se tornaram a forma como penso, como rezo. Como entendo o mundo. Estou ouvindo a orientação a cada passo do caminho."

## ESCREVA EM BUSCA DE ORIENTAÇÃO

Em que projeto criativo você está trabalhando? Você já tentou pedir orientação sobre ele?

# SEMANA 5

## *Um convite ao vigor*

Nesta semana, você será incentivado a manter o rumo e recorrer à orientação mesmo quando precisar revisitar questões ou ansiedades que o atormentaram no passado. As ferramentas desta semana visam lembrá-lo de que a orientação está sempre disponível para nós e é sempre uma fonte de apoio. A prática de escrever a orientação nos proporciona uma vida estável e útil. Como aprendemos na semana passada, contar nossos pontos positivos nos proporciona a sensação de força espiritual. Enfrentamos velhos desafios com força renovada.

# A magia da natureza

Nick e eu caminhamos com Lily no frescor da noite. O outono se aproxima e o calor do verão começa a diminuir. As montanhas assumem uma coloração verde e roxa e logo ficarão douradas, quando o álamo entrar em sua estação mais gloriosa. No ano passado, o outono foi breve, pois o inverno, precoce e rigoroso, logo se instalou. Este ano, espero que haja uma trégua. Em breve, os arbustos de cenizo ficarão dourados e os lagartos desaparecerão. Estamos na época dos ursos. Os magníficos animais descem das alturas, aproximando-se dos habitats humanos até o fim do outono, quando se retiram e voltam a hibernar.

"Alerta de urso" é a advertência que circula na minha região. Por isso sou cautelosa ao atravessar o pátio e entrar na minha casa.

"Alerta de cervo" talvez fosse mais apropriado, pois os elegantes animais percorrem seu trajeto das montanhas até o fundo do vale, mordiscando as gramíneas que encontram pelo caminho. Após o verão, eles estão gordos e brilhantes. No inverno, eles ficam mais magros, pois buscam alimentos em áreas menos verdejantes.

*Se tenho a convicção de que posso fazê-lo, certamente adquirirei a capacidade de fazê-lo, mesmo que não a tenha no início.*
– MAHATMA GANDHI

Meu jardim abriga algumas criaturas indesejáveis: as toupeiras estão se escondendo sob as roseiras. Ao sair, Lily me puxa, ansiosa para pegá-las. "Não, garota", eu digo, puxando a coleira e restringindo seu apetite. Ela fica frustrada.

Meu terreno é arborizado. Há pinheiros e zimbros, lado a lado. Hoje à noite, com a lua cheia nascendo, as árvores estão mais prateadas do que pretas. A luz da lua ilumina o quintal de Lily, uma área cuidadosamente cercada. Lily se aventura em busca de intrusos em seu recinto. Um bando de coiotes contorna a cerca. Ela late para eles e eles uivam de volta, entoando sua ameaça. Eles não conseguem pular a cerca, e Lily sabe disso. Ela se mantém firme, latindo em sinal de advertência para que os intrusos se retirem. É um impasse. Nem Lily nem os coiotes cedem terreno.

"Lily, biscoitinho!", grito, atraindo-a para dentro. Fecho a porta e a prendo dentro de casa. Os coiotes estão próximos demais para o meu gosto.

A lua cheia ilumina o pátio com sua luz prateada. Algumas roseiras resistentes florescem, apesar das toupeiras. Conversei com um especialista sobre as toupeiras e soube que capturá-las é caro e trabalhoso. Por isso decidi deixá-las à vontade.

*"Esperança" é o ser de plumas*
*E na alma vem pousar*
*E canta a canção sem palavras*
*E nunca, nunca, para de cantar.*
– EMILY DICKINSON

Estou aninhada no sofá, escrevendo, quando o telefone toca. É Scott Thomas, informando sobre a presença de visitantes em sua casa – três guaxinins equilibrados nos galhos do olmo responsável pela sombra em seu quintal. O pitbull anunciou a chegada dos intrusos, latindo para a porta, implorando que o deixem sair para atacá-los.

– Já vi maiores – diz Scott. – Esses devem ser adolescentes. Só vêm à noite e não têm medo de nada. Quando os ilumino com a lanterna, eles só olham de volta. Você viu algum por aí?

– Não – respondo. – Acho que eles não gostam das minhas árvores.

– Bem, meu cachorro não gosta deles. A casa é dele e ele não gosta deles.

– Aqui tem coiotes – acrescento. – E Lily não gosta deles.

– Não, claro que não.

– Sei que ela está segura em seu quintal, mas eu a trago para dentro.

– É melhor prevenir do que remediar. É prudente deixá-la presa dentro de casa.

Com essa advertência, Scott se despediu e Lily pulou para o encosto do sofá e ficou olhando pela janela, atenta à presença de possíveis intrusos.

"Está tudo bem, garota", digo, eu mesma espiando pela janela. A lua cheia ilumina meu domínio. Fico atenta a criaturas grandes e pequenas. Talvez hoje apareçam guaxinins. Descubro que espero que sim.

∾

No finalzinho da tarde, o calor diminui. Mais cedo, quando estava mais quente, Nick e eu passeamos com Lily. Filhotes de lagartos cruzaram nosso caminho. Lily os ignorou. Os lagartos adultos são mais do seu agrado. Com o tempo quente, fiquei atenta às cobras. Nick não tem medo delas. "Elas são nossas amigas", declara. "As cobras comem ratos." Portanto, eu deveria aceitá-las de bom grado. Ratos são uma presença constante. As cobras reduzem sua população. Por mais simpáticas que sejam, continuo tendo medo delas. Por isso, em minhas caminhadas com Lily e Nick, estou sempre de olho, mas os lagartos são as únicas criaturas que espio e, estranhamente, eles não me assustam.

*Mas sei, de alguma forma, que só quando está escuro*
*é que podemos ver as estrelas.*
– MARTIN LUTHER KING JR.

Um especialista em dedetização, um homem gentil, examinou minha casa em busca de ratos e se compadeceu do meu medo de cobras. "Não se preocupe. Elas não entram em casa", disse ele diante da minha apreensão de que uma cobra pudesse entrar por baixo da porta. "Elas são tímidas e evitam as pessoas e seus habitats", continuou. "Você não tem mesmo com que se preocupar."

Não lhe contei a origem do meu medo. Um amigo havia me relatado a história de uma cobra enorme que subiu no deck da casa dele para comer um filhote de passarinho. Na minha varanda havia um ninho cheio de filhotes de pássaros. Isso significava que eles atrairiam uma cobra predadora? Talvez um tipo de cobra com apetite para outros animais além de ratos? Fiquei preocupada.

Lily desceu alegremente os degraus até o quintal. As pedras em ambos os lados da escada abrigavam muitos lagartos. Ela estava pronta para atacar, mas os lagartos eram rápidos demais para ela. Ainda assim, a esperança é a última que morre, e Lily estava sempre esperançosa. Nick puxou sua guia e, relutante, ela desistiu da caçada. Fomos recebidos pelo canto dos pássaros. Eles cantaram até o pôr do sol e, depois, com o anoitecer, ficaram silenciosos. No crepúsculo, os corvos subiram ao céu, procurando um poleiro onde passar a noite. Contrastando com as melodias dos pássaros, grasnaram, estridentes, provocando Lily lá embaixo, que, por sua vez, olhou para o céu, pronta para a batalha. Os corvos a desafiavam, sendo quase do tamanho dela. Seus chamados zombeteiros a provocavam, então eu disse a Nick: "Vamos levá-la para dentro."

Teimosa, Lily não queria sair do lugar. Não estava pronta para que a aventura terminasse. "Vamos, garota", chamei, e ela cedeu. Ao entrar, foi diretamente para a tigela de água. As travessuras da tarde a deixaram com sede. A plaquinha pendurada em seu pescoço tilintava ao bater na tigela enquanto ela bebia água. Saciada a sede, ela pulou para o encosto da poltrona, olhando pela janela as aventuras que havia deixado para trás.

⌘

As montanhas estão douradas. Os álamos passaram do verde ao dourado vívido. Amanhã farei a viagem íngreme por estradas curvas, com limite de velocidade de 16 quilômetros por hora, para ver sua glória ao vivo. Os bosques de álamos são como chamas gigantes que se estendem até o céu. Minha visita não será longa. Mesmo alguns minutos em seu brilho ardente bastam. A temporada é curta. Aprendi a visitá-los logo. Se eu demorar alguns dias, seu brilho terá passado.

Esta noite, uma brisa mais forte agita meu pinheiro. Os bosques de pinheiros sobem as encostas até os álamos. Como suas irmãs douradas mais vistosas, eles são lindos. Nick diz que gosta mais deles, talvez porque sejam abundantes. Seus pinhões alimentam os pássaros. O meu está carregado. Alimenta tanto pássaros canoros quanto corvos.

No ano passado, a colheita foi abundante. "Posso colher pinhões?", perguntou Anthony. Autorizado, ele encheu baldes e mais baldes. "Vou assar alguns para você", ofereceu. Os pássaros os comem crus. Os esquilos se deliciam com as sobras.

Estamos na lua crescente. Sua luz ilumina o pico das montanhas. O telefone toca, é minha filha. Ela recebeu uma enxurrada de telefonemas de aniversário que a alegraram tremendamente. "De véspera, mas adorei!", exclama. Ela também informou que recebeu meu cartão. Escrevi dizendo quanto me orgulho dela como esposa e mãe. Ela ficou feliz com o elogio.

Conto que passei a tarde dando aula para 300 pessoas pelo Zoom. Foi uma aula difícil e me considerei "adequada". Emma e Nick, que participaram da aula, afirmaram que meu desempenho foi "ótimo, excelente". Levei a sério a afirmação deles e tentei melhorar meu humor. É quando percebo que os álamos estão brilhando. Sua beleza alegra meu coração e planejo a visita de amanhã. Levarei a pequena Lily comigo, ensinando-lhe a beleza do outono.

*Parar de sonhar – bem, isso seria como dizer que você nunca pode mudar seu destino.*
– AMY TAN

## ESCREVA EM BUSCA DE ORIENTAÇÃO

Descobri que levar a natureza para dentro da minha casa – na forma de flores recém-colhidas, frutos ou uma planta florescendo – me ajuda a me conectar com o divino. Você consegue levar um elemento da natureza para sua casa? Isso lhe dá uma sensação de admiração e conexão com a magia inata da natureza?

*A jardinagem é um instrumento da graça.*
– MAY SARTON

# Dando passagem ao apoio divino

Hoje dei uma aula para 183 pessoas pelo Zoom. O assunto? Oração. O título da aula: "Conversando com Deus." Eu estava nervosa antes de dar a aula – sempre fico. Orei: "Ajude-me a ajudar minha turma, a oferecer a eles o que precisam." Depois de uma aula difícil no dia anterior, a possibilidade de fracassar me assombrava. Afinal, a oração é um assunto difícil. Comecei a aula com receio. "Dê-me tranquilidade e relaxamento", pedi a Deus. Pedi também uma lista de qualidades que eu queria incorporar: amor, sabedoria, utilidade, bom humor, carisma, conexão, compaixão, resistência, energia, eloquência... Orei: "Querido Deus, confesso que quero ser brilhante. Ajude-me a ficar satisfeita com aquilo que sou capaz de fazer."

Assim, munida de vários desejos, abri a aula. "Vamos contar até três e depois definir uma intenção para que a aula corra bem. Um, dois, três..." Senti a boa energia das intenções dos alunos. Comecei a ensinar sentindo-me relaxada e à vontade, minha prece havia sido atendida. Durante os noventa minutos que se seguiram, ensinei, abordando uma questão de cada vez, uma ferramenta de cada vez. Senti que estava sendo guiada: *A seguir faça isso, diga aquilo.* Encerrei a aula com a oração da serenidade: "Deus, conceda-me serenidade para aceitar as coisas que não posso mudar, coragem para mudar as coisas que posso e sabedoria para saber a diferença."

*Isto é verdade para toda e qualquer lei natural: elas sempre existiram e, assim que entendidas, podem ser usadas.*
– ERNEST HOLMES

Eu havia orado para ficar satisfeita com o que eu era capaz de fazer e deparei com uma prece que havia sido atendida. Não me arrependi de nada. A aula tinha sido boa.

> *O caminho mais claro para o Universo é através de uma floresta selvagem.*
> – JOHN MUIR

∽

"Deus, por favor me dê palavras", orei à noite. Depois escutei. Eu precisava de um fluxo de palavras para captar o tópico da vez: controle. Havia encerrado a aula com uma oração sobre controle. A oração da serenidade serve para sabermos distinguir o que podemos controlar do que não podemos. Ao usá-la, abrimos mão do controle. E pedimos a Deus que seja o responsável, que nos "conceda" sabedoria para enfrentarmos nossas perplexidades. Abrimos mão de noções preconcebidas, da ilusão de controle. Reconhecemos que, de fato, não temos poder sobre pessoas, lugares e coisas. Nossas dificuldades surgem de nossas tentativas de controle. Nossas vontades se tornam segundas intenções à medida que nos esforçamos para obter os resultados desejados. Às vezes, o mundo coopera e nos concede realizar nossa intenção, e isso nos leva à ilusão de que temos poder. Muitas vezes, porém, o mundo não cede aos nossos desejos e nos frustramos. Onde está o controle?

Não temos controle. Ao lidar com pessoas, sempre há o desconforto do livre-arbítrio. A pessoa amada pode amar outra, e o fato de desejarmos o contrário não muda nada.

Os acontecimentos também parecem ter vontade própria. Desejamos determinado resultado. Desejamos algo de todo o coração e nada daquilo se concretiza. Os acontecimentos se sucedem sem levar em conta nossas preferências. O livre-arbítrio pode se manifestar também quando as pessoas se comportam de forma oposta aos nossos desejos, colocando em marcha acontecimentos que não podemos controlar.

O que acontece? Nossa vontade é contrariada. Mais uma vez, não temos controle. Quando nossos desejos nos são negados, ficamos com raiva, às vezes temos até vontade de nos vingar. Lutamos contra as dificuldades e esperamos que aconteça alguma mudança. Quando nada muda, vem o desgaste.

Todos nós, às vezes, temos a ilusão de controle. As pessoas e os acontecimentos nos são favoráveis e nos sentimos vitoriosos. Então o que acontece? Algo sai do lugar e perdemos o controle. De nada adiantam os nossos esforços; nada vai mudar o que aconteceu. Bom seria nos rendermos ao fluxo dos acontecimentos, mas a entrega não é fácil. Então lutamos, batemos de frente com acontecimentos que estão além do nosso controle.

Amamos uma pessoa, mas ela ama outra. O investimento que fizemos se revela uma péssima decisão. Surge um problema de saúde. Sofremos um acidente. Nada disso está sob nosso controle. Então não há saída?

A saída está na entrega. Em nos rendermos aos acontecimentos à medida que eles se desenrolam. Os alcoólatras sóbrios entregam sua "vontade e sua vida" nas mãos de uma força maior. Procuram alinhar sua vontade com a de Deus. Quando os acontecimentos contrariam seus desejos, eles se lembram de que fizeram um acordo: Deus está no comando. Para quem está de fora, essa é uma postura radical mas eficaz. Ao se renderem ao destino, a bondade entra em ação. A graça entra em cena. Eles percebem que suas tentativas de controle são inúteis e, por isso, lutam pela aceitação. E a aceitação é a chave para nos sentirmos confortáveis nas situações sobre as quais não temos controle.

> *Eu me pergunto se a neve ama as árvores e os campos, que beija tão gentilmente? E então os cobre de forma tão confortável, sabe, com uma colcha branca; e talvez diga: "Durmam, queridos, até o verão voltar."*
> – LEWIS CARROLL

Nós nos entregamos e aceitamos. O que acontece então? Experimentamos um fluxo de graça. Alinhamos nossa vontade com a vontade do universo e, até mesmo para os mais cansados, o resultado é a curiosidade. "O que está acontecendo aqui?", perguntamo-nos quando – sem nenhum controle – ocorrem eventos inesperados. A catástrofe de hoje pode ser a oportunidade de amanhã. O acontecimento terrível tem um lado positivo. Ao abrir mão do controle, nos vemos guiados em direções inesperadas. Mais uma vez, o universo parece ser benevolente. Nossas tentativas de controle passam a ser vistas como contraproducentes. Assim, educados pela aparente sabedoria da adversidade, podemos fazer a oração da serenidade com convicção. Descobrimos que podemos receber "serenidade para aceitar as coisas que não posso mudar, coragem para mudar as coisas que posso e sabedoria para saber a diferença".

### ESCREVA EM BUSCA DE ORIENTAÇÃO

Complete as frases a seguir:

1. Gostaria de poder controlar...
2. Algo que não posso mudar é...
3. Algo que preciso aceitar é...

Agora, pergunte à sua orientação o que você precisa saber sobre aquilo que não pode controlar. Que resposta você recebe? Ela lhe traz paz?

# Guiada a cada momento

Vou dar aula amanhã à tarde; hoje a ansiedade me aflige. É a segunda aula a respeito do meu novo livro sobre oração; passei a semana toda me preparando: lendo e relendo os capítulos relevantes, escrevendo não um esboço, mas dois, nenhum dos quais considerei "bom o suficiente". A ansiedade é minha companheira habitual quando preciso dar aulas. Peço orações aos meus amigos e eles, felizmente, atendem minhas preces.

"Faço isso com toda a alegria", diz Scottie, acendendo um incenso para mim. Jennifer me "envolve com uma luz branca", invocando alegria e um escudo protetor. Jacob Nordby invoca a ajuda dos anjos, seres poderosos, a meu favor. Nick Kapustinsky concentra a sua boa vontade em meu favor. Laura Leddy e minha filha, Domenica, fazem um *pot-pourri* de orações. Julianna McCarthy me visualiza sentada ao redor de sua fogueira de cura. Mesmo com todas essas orações a meu favor, fico ansiosa. Acrescento a elas as minhas, pedindo que meu medo seja aplacado. Ainda assim, a ansiedade persiste. E assim permanecerá até eu começar a aula, quando enfim me acalmo.

– É medo do palco – sugere Julianna.

– É medo do palco, *sim* – concorda Nick.

Ator, como Julianna, ele sente "terror" antes de entrar no palco. Quando a peça começa, ele fica bem – assim como eu quando começo minhas aulas.

Considero-me uma mulher de sorte: tenho amigos que entendem minha ansiedade. Não são pessoas que dizem: "Depois de todo esse tempo dando aula você ainda fica assim?!" Ao contrário, eles reconhecem que cada compromisso é único – será a primeira vez com *aqueles* alunos.

Minha ansiedade me cansa. Atrapalha meu sono na véspera. Muitas vezes tenho pesadelos, sonho que não consigo dar aula, que o público não consegue me ouvir ou eu não consigo ouvi-los. Acordo cedo nos dias de aula, precisando revisar minhas anotações uma última vez.

– Você é corajosa – diz Julianna, e é preciso mesmo ter coragem para ficar na frente de uma turma para dar uma aula, ainda mais essas tão grandes.

Confio na orientação que recebo para me dar uma pista: *Faça isso a seguir*. Às vezes, as dicas me levam a direções inesperadas. *Comece a aula com poesia e canto*. Assim, eu inicio a aula conforme fui orientada a fazê-lo, com poesia e canto.

*Faça uma sessão de perguntas e respostas*, costumo ouvir, e para isso preciso deixar o medo de lado: "E se eu não souber a resposta?" No meio da aula, me pego improvisando, desviando-me do plano de aula que elaborei com tanto cuidado. Arrisco uma nova direção. Peço à turma que "complete as frases a seguir", fazendo-lhes uma proposta que me ocorreu de repente. A essa altura, a aula já está decolando e minha ansiedade parece tolice. Sinto-me forte, totalmente à vontade. Reconheço tardiamente que minha tarefa de ensinar era a vontade de Deus para mim. Talvez da próxima vez não haja mais ansiedade.

*Eu tenho a natureza, a arte e a poesia, e se isso não for suficiente, o que é?*
– VINCENT VAN GOGH

*Acredito firmemente que a natureza pode trazer conforto
a todos os que sofrem.*
– ANNE FRANK

Anoitece, o céu está limpo. O sol se põe em fitas coloridas. É o fim de um bom dia. Deu tudo certo na aula. Minha turma ficou satisfeita. Eu havia transmitido uma mensagem de esperança. "Orações com pedidos" foi o tópico, e falei sobre a possibilidade de contarmos com um Deus benevolente. Ao orarmos pedindo que nossos desejos e necessidades sejam atendidos, podemos esperar que Deus atenda nosso pedido com aquilo ou algo melhor. Olhando para trás, a vontade de Deus é sempre benigna. Foi isso que ensinei.

*Adote o ritmo da natureza: o segredo dela é a paciência.*
– RALPH WALDO EMERSON

Ao ensinar, pude sentir a atenção da minha turma. Falei sobre nossa necessidade de um Deus benevolente, a necessidade de passar de um Deus autoritário para um Deus de amor. Como podemos seguir em frente?, foi o que perguntei e respondi. Comece enumerando as características negativas que, em sua opinião, Deus personifica. Em seguida, enumere as características positivas que você gostaria que seu poder superior tivesse. Listando os aspectos positivos, avançamos em direção à sua aceitação. Começamos a conceber a possibilidade de Deus ser benevolente – bondoso, compreensivo, amoroso. Esse novo Deus quer o melhor para nós. Diante de uma oração com pedidos, esse Deus considera cuidadosamente nosso bem-estar. Recebemos o que precisamos, que pode até não ser o que queremos, mas é, de fato, algo melhor.

É emocionante ensinar sobre um Deus benevolente. No fundo do coração de cada ser humano está o desejo de ter um Deus assim. Alegra-me afirmar que essa é, na realidade, a natureza de Deus. Afinal, estou compartilhando boas-novas, e meus alunos se alegram em recebê-las. "Confie em um Deus benevolente", digo-lhes, e minhas palavras fazem mágica. Os conceitos rígidos que antes nutriam começam a se dissolver. Falar a verdade sobre a natureza de Deus é um remédio poderoso, um remédio que cura as feridas deles.

Pois é doloroso acreditar em um Deus negativo. Nossa alma se encolhe diante desse conceito. Se não pudermos acreditar na verdadeira natureza de Deus, sofreremos profunda e secretamente. Se não pudermos acreditar que Deus é totalmente amoroso, então não poderemos nos sentir amados. Acreditando que não somos amados, sofremos. Um Deus negativo exerce controle sobre nós e sobre nosso destino. Diante de um Deus assim, nos desesperamos.

Quanta mudança ocorre quando reformulamos nosso conceito de Deus! Um Deus amoroso é um motivo e tanto para sermos otimistas. Nossa vontade e a vontade Dele não se encontram mais em lados opostos da mesa. "Que a minha vontade seja a Tua vontade", oramos, e experimentamos um senso de retidão ao buscarmos alinhar nossa vontade com a de um Deus generoso. Não mais adversários, experimentamos uma afinidade. Nossos desejos e esperanças nos são dados por Deus e deixam de ser uma fonte de vergonha.

Ao entregarmos nossos sonhos a um Deus benevolente, passamos a ver a entrega sob uma ótica positiva. Aceitamos nosso destino como criaturas amadas por Deus. Nós nos apegamos à crença em nossa bondade essencial. Nossos sonhos vêm de Deus, e Deus tem o poder de realizá-los. Ao nos entregarmos ao tempo de Deus, experimentamos uma fé ativa. Vemos, em nossa entrega, a esperança. Todo amanhã traz consigo a possibilidade de um dia melhor. Renunciamos ao nosso senso de urgência e encontramos paz. Aceitar a vida como ela se desenrola acaba sendo o alicerce firme de uma existência mais feliz. Confiando que Deus deseja o melhor para nós, nos rendemos à Sua vontade evidente. A aceitação das coisas como elas são permite que a mão de Deus tenha a liberdade de agir em nossa vida. E Deus, agindo em nossa vida, nos traz alegria.

Anoiteceu, o céu escureceu. Não há lua hoje. As estrelas são velas na escuridão da noite. Um dia bom está chegando ao fim. Adoro dar aulas e adoro ensinar o que estou ensinando: Deus é benevolente. E nisso podemos confiar.

## ESCREVA EM BUSCA DE ORIENTAÇÃO

Caneta e papel na mão, descreva uma situação que lhe causa ansiedade ou com a qual você tenha dificuldade de lidar. É possível pedir orientação em tempo real na próxima vez que você estiver diante dessa situação? Muitas vezes, faço uma pausa, escuto e só então tenho clareza sobre o que fazer em seguida. Na próxima vez que estiver diante de uma situação complexa, veja se pode tentar pedir orientação em tempo real. Como isso afeta sua experiência, sua clareza e suas ações? Você se sente acompanhado por uma energia benevolente?

*O ser humano experimenta a si mesmo, seus pensamentos e sentimentos, como algo separado do resto do universo – numa espécie de ilusão de ótica de sua consciência. Nossa principal tarefa é nos livrarmos dessa prisão. Essa é a única questão da verdadeira religião.*
– ALBERT EINSTEIN

# O poder da gratidão

O céu está azul-celeste. Com formas nítidas e arrojadas, as montanhas se destacam contra o azul do céu. A temperatura é amena, não está frio nem quente. Lily se aquece no brilho do dia, esticando-se no deque, calma e tranquila. Após o clima turbulento dos últimos dias, a beleza de hoje é repousante, motivo de gratidão. "O clima de hoje", escrevo, listando coisas pelas quais sou grata. O clima é a primeira. Continuando, escrevo: "Sou grata pela minha sobriedade." A última vez que me embebedei foi há 42 anos. Durante esse tempo, a sobriedade tem sido uma constante, um alicerce firme para minha vida feliz e útil.

> *Sabemos que Deus está em todos os lugares; no entanto, sentimos mais a Sua presença quando Sua criação se mostra em grande escala; e é no límpido céu noturno que Suas palavras seguem um curso silencioso, e onde percebemos claramente Sua infinitude, Sua onipotência, Sua onipresença.*
> – CHARLOTTE BRONTË

Minha lista das coisas pelas quais sou grata continua: "Minha saúde." Aos 72 anos, sou abençoada com excelente saúde; exceto por uma ocasional dor nas costas, estou em plena forma. Ao meu redor, amigos sofrem de males dos quais eu escapei. Enquanto escrevo este texto, Daniel está no hospital com pneumonia, tendo sobrevivido a uma cirurgia invasiva para remover um câncer. A esposa, Lucinda, está ao seu lado. Na lista de gratidão dela, "a sobrevivência de Daniel".

Rezo diariamente por um casal de conhecidos meus, Dusty e Arnold. Dusty sofre de Alzheimer e Arnold tem câncer de pulmão. Peço que eles recebam "tudo de bom, todas as bênçãos, tudo de que precisarem". Minhas orações são firmes – mais firmes do que a saúde deles, que vem se deteriorando.

Assim, quando coloco "minha saúde" na lista das coisas pelas quais sou grata, lembro-me das doenças que até hoje evitei. O que é uma dor nas costas comparada a um câncer?

"Minha casa", escrevo em seguida, observando o ambiente aconchegante onde vivo, fresco no verão, quente no inverno – adorável. A lareira domina a sala de estar, trazendo um brilho que é muito bem-vindo. Gravuras de pássaros adornam as paredes, lembranças do amor que meu pai tinha por esses animais.

"Lily, minha cadelinha" é a próxima da lista, embora talvez devesse ocupar um lugar mais alto. Com 7 anos e saúde perfeita, ela é uma companheira alegre. Penso no cão do meu amigo Todd, Louie. Com a idade de Lily, ele foi acometido por um câncer. Todd cuida dele, um dia de cada vez, administrando-lhe criteriosamente analgésicos. Sim, sou grata pela saúde de Lily.

Mas o que é isso? Minha lista de gratidão está uma bagunça. Minha filha e minha neta aparecem. O mesmo vale para minha querida amiga Emma Lively. Depois delas, tenho uma lista de amigos que conquistaram seu lugar por sua lealdade e sua longevidade. Por exemplo, Gerard, meu amigo íntimo há 52 anos, calmo, firme, perspicaz, insubstituível por seu bom senso e seu temperamento equilibrado. Sim, sou grata pelos meus amigos.

Minha lista vai aumentando, de dez para vinte e tantos itens. A cada item que registro, lembro-me de mais um. Incluo meu cabelo, minha pele, meus membros. Meus olhos, meu nariz, minha boca. E tenho mãos lindas, pelas quais sou grata. Se comecei com meia dúzia de gratidões, agora vejo a possibilidade de uma centena. E, à medida que escrevo, meu humor melhora. Minha amiga Jennifer sempre me aconselha: "Elabore uma lista com as coisas pelas quais você é grata. Ajuda na depressão." E é o que acontece. Coloco na lista meu pinheiro, balançando suavemente ao vento. Acrescento corvos, falcões, coiotes – todos os habitantes do meu domínio.

Com o crepúsculo, a terra esfria – um tempo bom para dormir, pelo qual sou grata. Termino o dia em estado de graça.

*Aos olhos do homem de imaginação, a natureza é a própria imaginação.*
– WILLIAM BLAKE

∽

*O céu está tanto sob nossos pés quanto sobre nossas cabeças.*
– HENRY DAVID THOREAU

A gratidão traz um colorido às minhas percepções. Há muitos motivos pelos quais sou grata. Minha lista se expande para caber uma vida boa. Como aconselhou Jennifer, a gratidão combate a depressão. A depressão já não tem peso e seu conselho se torna um motivo a mais para sentir gratidão. A lua que nasce sobre as montanhas me encontra cheia de gratidão no coração. Sua beleza atiça as brasas da minha alma. A orientação me diz para escrever sobre gratidão. Obedeço e o resultado é a alegria. *A gratidão lhe faz bem*, é o que diz. Descobri que é verdade.

∽

O crepúsculo tinge o céu com notas de lilás. As montanhas se erguem altas e majestosas, contra um roxo mais profundo. A lua se eleva acima de seus picos. É uma noite tranquila. "Obrigada, Deus, por meu dia", oro. Recebi uma notícia inesperada sobre a venda de um livro meu. A orientação proclamou: *Muita bondade flui em sua direção*, e eu me perguntei se essa bondade viria na forma de dinheiro na conta bancária. Talvez sim.

Meu dia foi abundante não apenas em termos financeiros. Ao longo do dia, uma de minhas orações foi atendida. Dormi tarde na noite passada, às duas da manhã, e pedi vigor para enfrentar o dia. Minha oração foi atendida por uma onda de energia. Li e resumi um longo capítulo do livro de orações sobre o qual estava dando aula. O resumo foi feito com rapidez e eficiência. Orei pedindo que eu fosse guiada e fui guiada.

O capítulo em que trabalhei foi "Orações de gratidão". Ao relê-lo, ponto por ponto, vi minha gratidão aumentar. Para começar, havia gratidão pela beleza da natureza. Corvos, falcões, pássaros canoros – cada um tinha uma beleza única. As montanhas altas, as nuvens que passam rapidamente, que lindo! Em seguida, gratidão pelas coisas mais triviais – nossa saúde, nosso lar, nossos animais de estimação, nossos amigos. Enumerando todas essas bênçãos, elas se multiplicam. Uma lista que começa com dez itens logo aumenta, pois nossa gratidão aumenta cada vez mais. Sou grata pelo meu pinheiro, sempre exuberante.

Terminando meu resumo, eu disse a Nick: "Vamos passear com Lily." Partimos pela estradinha de terra, subindo. O fim da tarde estava fresco e Lily corria à frente. O calor do verão, que a deixava ofegante, já havia amainado. Também não havia mais lagartos, que no verão ela persegue com tanta alegria. O outono estava no ar. Fiz uma oração de gratidão. "Obrigada, Deus, pelo frio." Depois do calor do verão, era um alívio bem-vindo.

Ao voltar para casa, Lily puxou a coleira, tão ansiosa para chegar quanto estava para sair. Nick puxou a coleira – "Calma!" – e ela obedeceu, mesmo a contragosto. Abrimos o portão e ela travou bruscamente as patinhas, pouco disposta a entrar, na esperança de que houvesse um último lagarto por ali. "Por aqui, garota", persuadiu-a Nick.

Já em casa, fiz um balanço dos acontecimentos do dia. Minha leitura e meu resumo foram um trabalho bem-feito. Meu vigor foi uma surpresa bem-vinda. "Obrigada, Deus", respirei, acomodando-me na poltrona, apreciando o céu pintado de lilás. O anoitecer estava lindo e o dia tinha sido bom.

*Ande como se estivesse beijando a terra com os pés.*
– THICH NHAT HANH

☙

Uma brisa refrescante agitava o pinheiro. A tarde estava fresca e Lily se apressou em sua caminhada. Não havia lagartos à vista e ela parecia ter se esquecido deles, correndo bruscamente, sem parar para caçar.

– Veja! O arco-íris! – exclamou Nick, apontando para as montanhas, onde um arco colorido apareceu. – E vejam! Ali! – apontou, dessa vez para onde um bando de pássaros havia se instalado em uma linha de transmissão.

– Você tem um olhar fantástico! – comentei.

Eu gostava da atenção de Nick. Isso tornava nossos passeios diários com Lily uma aventura.

– Por aqui, Lily – chamei minha cadela.

Se ela notou o arco-íris? Lily parou sob a linha de transmissão de energia elétrica, onde os pássaros estavam empoleirados.

– Por aqui, garota – incentivei-a.

> *Cultive o hábito de ser grato por tudo de bom que lhe acontecer;*
> *e agradeça continuamente. E como todas as coisas contribuíram para o seu*
> *progresso, inclua todas as coisas em sua gratidão.*
> – WALLACE D. WATTLES

Relutante, ela obedeceu. Os pássaros, afinal, estavam bem acima. Não seriam um lanchinho provável. Em casa, petiscos a aguardavam, seus biscoitinhos preferidos. Nick pegou um punhado deles e os ofereceu, um de cada vez. A brincadeira dos dois foi interrompida pelo telefone. Era Jennifer, que ligava do ensolarado sul da Flórida.

– Como você está? – perguntou ela, sem fôlego.

– Estou bem – falei. – Nick e eu vimos o arco-íris hoje.

Meu telefone tocou outra vez.

– Sou eu, Ezra – anunciou o artista Ezra Hubbard. – Estou bem aqui na sua varanda. Trouxe uma ristra. Preciso de um prego.

Abri a porta e dei de cara com um Ezra sorridente segurando um cordão de um metro de comprimento carregado de pimentas, uma "ristra".

– Trouxe para você – anunciou. – Vou pendurá-la.

Ele logo encontrou um prego no portal da minha casa e pendurou o presente colorido, que captou a luz vespertina. Ristras são caras; o presente de Ezra era extravagante.

– E eu lhe trouxe mais uma coisa. É uma torta de frutas vermelhas feita pelos menonitas no Colorado.

– Ezra, assim vou acabar ficando mimada – protestei, aceitando a torta.

Convidei Ezra para entrar e ele não demorou a elogiar a nova pintura.

– Estou adorando. Está ficando a sua cara!

Nós nos sentamos à mesa da sala de jantar e cada um devorou avidamente uma fatia da torta.

– Está uma delícia! – exclamei, servindo-me de uma segunda fatia.

Senti o açúcar animando meu organismo. Em geral, eu evito doces, mas a torta dos menonitas é irresistível.

– É muito bom tê-lo aqui, Ezra – disse a ele.

Aos 46 anos, Ezra era um homem magro e belo. Nós nos conhecíamos desde que ele tinha 16 anos, um jovem magrinho. Como atualmente morava na Flórida, sua visita foi inesperada.

– Como vai o trabalho? – perguntei.

– Está tudo bem. Tenho um mentor, um artista mais velho, e ele não me deixa sair do caminho certo.

– É bom contar com a presença de um homem mais velho em sua vida.

– Sim – concordou Ezra.

Criado por uma mãe solo, sem pai, Ezra ainda ansiava por uma figura paterna; agora, havia uma.

O alarme de seu relógio de pulso soou.

– Ops! Hora de ir embora!

– Já?

Por mim, ele ficaria ali durante horas.

– Sim, preciso ir. Aproveite o resto da torta.

– Pode deixar!

Com isso, nos despedimos. Anoitecia e Lily estava pronta para uma refeição noturna.

– Vem, garota – chamei. – Hora do jantar.

*Reconhecer o bem que já existe em sua vida é o alicerce de toda a abundância.*
– ECKHART TOLLE

## ESCREVA EM BUSCA DE ORIENTAÇÃO

Quando enumeramos as coisas pelas quais somos gratos, elas parecem se multiplicar. Ao nos abrirmos para enxergar o bem, mais coisas boas fluem em nossa direção. Com caneta e papel na mão, complete as frases a seguir:

1. Sou grato por...
2. Sou grato por...
3. Sou grato por...
4. Sou grato por...
5. Sou grato por...
6. Sou grato por...
7. Sou grato por...
8. Sou grato por...
9. Sou grato por...
10. Sou grato por...
11. Sou grato por...
12. Sou grato por...
13. Sou grato por...
14. Sou grato por...
15. Sou grato por...
16. Sou grato por...
17. Sou grato por...
18. Sou grato por...
19. Sou grato por...
20. Sou grato por...
21. Sou especialmente grato por...

*Deixe que a gratidão*
*Seja a almofada sobre a qual você se ajoelha*
*Ao fazer sua prece noturna*
*E permita que a fé seja a ponte*
*Construída para superar o mal*
*E aceitar o bem.*
– MAYA ANGELOU

# SEMANA 6

## *Um convite ao compromisso*

Nesta última semana, você vai valorizar a perseverança. Você aprofundará a prática de escrever em busca de orientação e, espero, se comprometerá com ela como um hábito de longo prazo. A essa altura, pedir orientação pode parecer algo natural, e você já deve ter tido experiências suficientes para se convencer de que não se trata de imaginação – mas de uma ferramenta valiosa que pode ser usada em todos os aspectos de sua vida. Física, mental e emocionalmente, a orientação proporciona um equilíbrio valioso. A simples pergunta "E agora?" nos ajuda a definir as nossas prioridades. A orientação nos guia e indica a próxima atitude correta a ser tomada. E agora? Pergunte à sua orientação.

# Prece

O vento sopra a mais de 100 quilômetros por hora. A temperatura caiu quatro graus. A previsão é de chuva ao anoitecer, chuva que deve continuar por dois dias. Aqui em casa, a luz piscou e o ar-condicionado desligou, mas não vou precisar ligar o ar hoje. Na verdade, minha casa vai estar fria demais.

Minha amiga Scottie me telefona de San Diego, onde faz 27 graus. Ela fica de olho no clima de Santa Fé. Alerta-me sobre a frente fria iminente e a previsão de tempestade. Preocupa-se com o meu bem-estar. "Vou acender um incenso em seu nome", diz. "Para o clima aí na sua cidade e para sua escrita." Agradeço a preocupação. É uma sensação boa saber que alguém zela por nós. A noite cai rapidamente; antes, porém, dou uma última olhada no céu e vejo nuvens de tempestade.

Previsões climáticas à parte, o dia foi turbulento. Reli meu livro sobre oração, preparando-me para a aula do próximo domingo. Os capítulos que li eram sobre orações pedindo a Deus o que desejamos, presumindo a benevolência e a generosidade Dele. As orações com pedidos exigem ousadia. Nos colocamos nus diante de nosso Criador, pedindo uma bênção.

Deus tem três respostas para nós: *sim*, *não* e *por enquanto não*. Quando oramos, esperamos uma resposta afirmativa. A negação ou a demora de Deus exige de nós aceitação e compreensão. A sabedoria de Sua resposta geralmente só é revelada mais tarde, em retrospecto.

*Todos nós precisamos encontrar a paz interior. E, para ser real, a paz não pode ser afetada por circunstâncias externas.*
– MAHATMA GANDHI

Ao ler sobre as orações com pedidos, senti-me vulnerável – como se estivesse orando, não apenas lendo. Deus todo-poderoso é quem nos concede todas as graças. Ao fazermos um pedido, reconhecemos isto, que Ele é capaz de conceder – ou não – a realização de nossos desejos sinceros. E se Deus negar nosso pedido, sentimos raiva ou, na melhor das hipóteses, frustração. Precisamos nos lembrar da sabedoria e da benevolência de Deus. Deus é misericordioso, é preciso afirmar.

Ao ler o capítulo que escrevi, lembrei-me de que minha intenção ao escrever sobre a oração era torná-la mais fácil, menos assustadora do que imaginamos. Os pedidos a um Deus compassivo são humanos e compreensíveis, escrevi. Esse Deus conhece os segredos de nosso coração.

"Por favor, mantenha-me a salvo durante a tempestade", peço a Deus agora, quando a noite cai e as primeiras gotas de chuva riscam minhas janelas. Meu amigo, Scott Thomas, me liga para contar que, onde ele mora, a tempestade chegou com tudo. E na minha casa, como está? Falo sobre a queda de luz, que felizmente voltou rápido.

– Você não está no escuro, né? – pergunta ele.

– Não. Estou bem. E tenho lanternas e velas – tranquilizo-o.

– Só estou ligando para saber se está tudo bem – justifica-se ele. Sinto a preocupação carinhosa em sua voz.

Moro sozinha e, com as ligações de meus amigos, não me sinto isolada.

– Só estou verificando como você está – diz Emma Lively ao me telefonar também. Ela fica de olho no meu bem-estar. – Bebeu bastante água hoje? – pergunta.

– Vou beber um pouco agora – prometo, acrescentando que a chuva apertou, apagando as últimas brasas do incêndio da semana passada.

– Estou orando por você – diz ela.

Sinto sua boa vontade.

A tempestade chacoalha as janelas e sacode a chaminé. Peço a Deus mais uma vez, só para chamar sua atenção. "Por favor, Deus, mantenha a mim e Lily em segurança." Sinto a calma de uma oração atendida.

∞

Na primeira semana de setembro, acordei e vi que nevara durante a noite. Meu pinheiro estava coberto de branco. No jardim da frente, vários centímetros de neve reluziam. A neblina encobria as montanhas, à medida que a neve continuava caindo em suas encostas.

"Droga!", exclamei, olhando a neve com desânimo. O inverno passado fora longo e rigoroso. Eu não estava pronta para mais um inverno desses.

"Estou triste e desanimada", escrevi em minhas páginas matinais. Eu queria consolo para meu humor sombrio. Para quem eu poderia ligar? Resolvi ligar para Scottie, na ensolarada San Diego, mas a aposta foi errada. Quando reclamei da neve precoce, ela comentou: "Aproveite a beleza!". Nada animador.

Em seguida, tentei falar com Jennifer, no ensolarado sul da Flórida. Ela foi mais compreensiva. "Vai passar", aconselhou-me, e foi útil pensar na neve como uma anomalia passageira, não como o prenúncio de mais neve e frio.

"É uma onda de frio", disse minha vizinha Michele Warsa, apressando-se a acrescentar que logo voltaria a esquentar. "Onda" implicava rapidez. A neve logo desapareceria. Era aniversário de Michele, e ela não reclamou do clima. Seria ela uma otimista inveterada ou simplesmente tinha gostado do fim precoce do outono?

O dia continuou cinza. A neblina ficou mais espessa. No fim da tarde, ouviu-se um trovão e a chuva caiu no lugar da neve – úmida, fria, indesejada. Quando as temperaturas caíram ao anoitecer, a chuva se transformou em neve. O mundo estava mais uma vez ficando branco. "Aproveite a beleza", repreendi-me, usando as palavras de Scottie. Liguei para meu amigo Scott Bercu, em Nova York.

*Somente aquele que tenta o absurdo é capaz de alcançar o impossível.*
– MIGUEL DE UNAMUNO

*Lembre-se, nenhum esforço que você fizer para obter algo belo é desperdiçado.*
– HELEN KELLER

– Nevou! – exclamei, lamentosa. – Está nevando.

– Ouvi falar – respondeu Scott. – Será que o inverno chegou antes da hora?

– Espero que não. No ano passado tivemos um inverno muito rigoroso, e eu esperava que este ano fosse mais ameno.

– Não temos como controlar isso – disse Scott, em um tom solene.

– Estive brigando com Deus o dia todo.

– Amanhã talvez esteja melhor – prometeu ele.

– Deus te ouça – respondi.

O anoitecer foi rápido, tingindo o céu de preto. A neblina encobriu a lua. Um longo trovão anunciou que a tempestade continuaria. As previsões eram de chuva contínua misturada com neve. No final da semana – não antes – o tempo melhoraria.

∽

Quando escrevi em busca de orientação, descobri que deveria escrever sobre descanso e relaxamento, e assim farei. Nas ocasiões em que busco orientação, percebo que ela me chega mais facilmente quando estou descansada e relaxada. Assim, hoje, ouço: *Fale sobre tranquilidade*.

Como se sentisse meu alívio, Lily se estica languidamente no piso frio de cerâmica. Descobri que a percepção extrassensorial dela é excelente. Quando estou ansiosa, ela fica ansiosa. Quando estou calma, como agora, ela fica calma. Todas as noites peço orientação e, quando estou calma, a orientação vem facilmente: *Está tudo bem*. Eu me arriscaria a dizer que a calma é um pré-requisito para uma oração eficaz.

"Temos que manter o otimismo", afirma Scott Thomas, que me liga de noite e pratica o que prega. "Negatividade só gera negatividade, e temos que evitar isso." A voz de Scott é calma e firme. Ele reza diariamente pedindo orientação, e suas orações aos ancestrais são recompensadas por um fluxo de orientação no seu dia a dia. "Hoje estava bem nublado", conta ele. "As montanhas estavam cobertas." Sinto uma ponta de preocupação em sua voz. Na ligação, ele fala de um dia produtivo. A orientação que ele recebe o leva à produtividade. Sua calma o leva a se concentrar. Está tudo bem com Scott, pois ele pratica seus rituais diários do povo Lakota, orando aos seus ancestrais e recebendo seus cuidados. Sua orientação chega até ele com facilidade. É a recompensa por suas preces constantes.

Meu telefone toca. É Laura Leddy, outra adepta da oração diária.

– Como você está? – indaga ela. – E as aulas, como vão?

– Até agora, tudo bem – digo, satisfeita por ela perguntar.

– Estou orando por você – diz ela, e sei que as orações de Laura são poderosas, firmes e calmas.

– Obrigada pelo incentivo – respondo, sempre grata pelas orações dela. Sua voz é suave e doce como ela.

– Fico sempre feliz em orar por você – diz Laura com firmeza.

Agradeço a ela mais uma vez e assim encerramos a ligação.

O anoitecer encobre as montanhas. Sou grata por ter recebido notícias de amigos, grata por meus amigos estarem orando. Obedeci à minha orientação, estou descansada e relaxada. Escuto: *Pequena, você está no caminho certo. Está tudo bem.* Calma e centrada, digo: "Obrigada."

*Siga a sua felicidade, não tenha medo,
e as portas se abrirão onde antes nem havia portas.*
– JOSEPH CAMPBELL

## ESCREVA EM BUSCA DE ORIENTAÇÃO

Complete as frases a seguir:

1. Gostaria de pedir a Deus que...
2. Venho brigando com Deus por causa de...
3. Tive uma sensação de tranquilidade quando...

Agora, escreva pedindo orientação sobre essas questões. O que você escuta? Você tem a sensação de que o tempo de Deus pode, de fato, ser o tempo certo? A conexão com a orientação é capaz de lhe trazer tranquilidade e graça?

## A importância de uma rede de apoio

– Estou ligando para saber como você está – diz Jennifer. – Está tudo bem por aí?

– Estou bem – respondo, esperando que minha voz transmita certo otimismo.

– Ótimo, te ligo amanhã então – promete Jennifer, desligando o telefone.

A ligação e a intenção são bem-vindas. Milhares de quilômetros nos separam; Jennifer está na Flórida, eu estou no Novo México, por isso nosso contato telefônico é fundamental para a sensação de bem-estar. Recentemente, ela teve uma reação alérgica grave a um novo medicamento. As lesões na pele queimavam e coçavam. Ao ouvir seu relato à distância, fiquei preocupada. Na época, liguei para ela duas vezes por dia, só para saber como estava.

Como muitos dos meus amigos moram longe – Andrew em Londres, Emma em Nova York, Laura em Chicago –, faço questão de telefonar e enviar cartões, dizendo: "Amo você. Estou com saudades. Está tudo bem com você?" Tento ligar, se não diariamente, com frequência. A orientação me diz: *Seja amorosa. Expresse-se.* E é o que faço.

– Está tudo bem? – pergunta minha amada mentora Julianna quando ligo para saber como ela está.

– Estou bem – respondo, sentindo-me melhor por ter telefonado.

Julianna tem sido uma presença constante em minha vida há 41 anos. Agora que temos o Zoom, posso vê-la, não só ouvir sua voz. Com 91 anos, ela é, em suas palavras, "uma anciã", mas seu rosto amável não revela a idade. Sou muito grata pelo nosso contato.

*Seus entes queridos estão seguros sob minha proteção*, garante a orientação, mas oro quase diariamente pela saúde e pelo bem-estar deles. Ao conversar com Gerard, fico aliviada por ouvir firmeza em sua voz. Equilibrado, ele recebe minhas ligações semanais com bom humor. *Ele está bem*, segundo minha orientação, e ele próprio diz isso.

Em geral, tenho amizades de décadas, mas meu novo amigo, o escritor Jacob Nordby, conquistou um lugar em meu coração. Jacob é uma presença calma e amorosa, assegurando-me meu lugar em suas orações. Ele ora por mim quando vou ministrar algum curso ou quando tenho uma entrevista difícil. Sou grata por sua intercessão espiritual em meu favor. Minha orientação me diz que ele é uma alma irmã, e eu também acho.

> *Mesmo que a única prece que você fizesse na vida inteira fosse "Obrigado", isso já teria sido suficiente.*
> – J. JOHN E MARK STIBBE

*Confie em sua rede de amizades*, me aconselha a orientação, e é o que faço. Ao escrever sobre amizade, penso em Jeannette, que não se cansa de repetir: "Você não está sozinha." E não estou mesmo. Acompanhada por meus amigos distantes, moro sozinha, mas não isolada. O amor e a lealdade que existem entre nós nos conectam e, por isso, quando Jennifer liga "só para saber como estou", respondo com toda a sinceridade: "Estou bem."

∽

A fumaça dos incêndios na Califórnia chegou até o Novo México. Ao caminhar com Lily, meus olhos ardem, embora Nick diga que os olhos dele não estão incomodando ainda. Piscando contra o vento e a fumaça, pergunto a Nick como ele está. "Bem", afirma, com a voz firme e estável. Caminhamos com Lily por meia hora e, se a fumaça a incomoda, ela não demonstra. Em casa, fico grata por estar de volta ao esplendor do ar-condicionado, longe da fumaça. Meus olhos ardem e olho pelas janelas para o oeste, onde o sol está se pondo. Por causa da fumaça, o céu assume um tom laranja-avermelhado.

Ao entrar em casa, o telefone toca. É Scott Thomas, informando sobre um dia longo e cheio de fumaça.

– Você viu o pôr do sol? – pergunta. – A fumaça deixou o céu alaranjado.

*Tudo aquilo que vi me ensina a confiar no Criador*
*por tudo aquilo que não vi.*
– RALPH WALDO EMERSON

– Eu vi – respondo. – E senti. Quando levei Lily para passear, meus olhos arderam.

– Os meus não – relata Scott. – Deve haver mais fumaça onde você está.

– Sim. Acho que sim.

– É outono. As folhas da pereira estão vermelhas e douradas.

– Estou com medo do inverno – confesso.

– Ah, minha querida. Você tem que aceitar o inverno, com toda a sua calma e beleza.

– É o frio – reclamo.

– Sim, bem... Tem isso também.

Scott dá uma risadinha. Ele está resignado com o frio que se aproxima. Concordando em discordar sobre a estação que se aproxima, nos despedimos. Assim que desligo o telefone, ele volta a tocar. Dessa vez é Jennifer, para saber como estou novamente.

– Estou bem – digo. – Mas meus olhos estão ardendo. Há muita fumaça no ar.

– Não! Outro incêndio? – exclama Jennifer.

– A fumaça está vindo dos incêndios da Califórnia! – exclamo.

– Que pena. Como está Lily?

– Ela parece bem. A fumaça não a incomoda.

– Que bom. Não seria prudente lavar bem os olhos?

– Talvez.

– Acho que ajudaria.

Jennifer e seus conselhos. Faz quatro dias que estou usando o rolo massageador que ela recomendou para minhas costas.

"Isso vai mudar sua vida", me dissera ela, e ao usá-lo – o que, por si só, é um processo doloroso – minha dor nas costas diminuiu. Assim, acolhendo o pragmatismo de Jennifer, lavo bem os olhos. Como ela previu, aliviou.

– Melhorou? – pergunta ela.

– Melhorou – respondo.

Ao desligar o telefone, ambas nos sentimos melhor com o conselho dela.

Lily lambe as patas. Talvez sinta cheiro de fumaça no pelo. Ela pula para o meu lado, no braço da poltrona. Sua respiração é profunda e uniforme. Ela está relaxada.

"Quer um biscoitinho, Lily?", pergunto a ela e, juntas, vamos para a cozinha. Pego um punhado de seus petiscos preferidos. Lanço no chão um de cada vez e Lily corre atrás.

"Apesar da fumaça, foi um dia bom, não foi, garota?" Fecho a porta de casa para ela não sair mais.

### ESCREVA EM BUSCA DE ORIENTAÇÃO

Faça uma lista de três pessoas que lhe dão apoio em sua rede de contatos.

Agora, liste três pessoas a quem você poderia oferecer apoio.

Pergunte à orientação:

1. Quem devo procurar quando preciso de apoio?
2. Quem devo procurar para oferecer meu apoio?

Entre em contato com essas pessoas e observe o que acontece. Você nota alguma sincronicidade, ou sente uma força superior guiando seus atos?

*A verdade sobre a vida e a mentira sobre a vida são medidas não pelos outros, mas pela sua intuição, que nunca mente.*
– SANTOSH KALWAR

# Mantendo a fé

Hoje dei aula, e me saí muito bem. A orientação foi clara e precisa: *Inicie a aula com poesia e música*. Fiz o que fui orientada a fazer, lendo dois poemas de minha coletânea *This Earth* e depois cantando uma canção de sabedoria, "Time Is Like a River". Embora eu não tivesse contato direto com a turma, podia senti-los e, a partir daí, fomos fundo com perguntas sobre orações de gratidão: começando com as belezas do mundo natural, listamos nossas bênçãos. Pude sentir o foco intenso do grupo. As bênçãos listadas aumentaram a energia dos alunos. A tarde passou voando.

Anoitece; o pôr do sol traz consigo a calma. Os passarinhos buscam abrigo no pinheiro. Descansarão em seus galhos durante a noite. Lily também encontrou um lugar para descansar, deitando-se no tapete colorido da sala de estar. Com todos se acalmando ao cair da noite, busco orientação sobre os acontecimentos do dia.

*Em tempos de destruição, crie alguma coisa.*
– MAXINE HONG KINGSTON

*Julia, você se saiu bem na aula. Não há motivo para ansiedade. Você foi tranquila e prestativa.*

Talvez sim, mas não sinto a euforia por um trabalho bem-feito. Ao contrário, sinto-me vazia, oca, desprovida de emoção. Talvez eu esteja cansada. Talvez a aula tenha consumido toda a minha energia. Deito-me para descansar, mas o telefone toca. Atendo, meio grogue. É minha filha, querendo saber como foi o dia de aula.

– Foi bem – digo. – Tanto Emma quanto Nick disseram isso, mas me sinto vazia.

– Quer saber minha opinião?

– Pode falar.

– Acho que é uma questão de performance. Quando atuo em uma peça, há noites em que me sinto vazia depois, e isso não tem nada a ver com a qualidade do meu trabalho. As pessoas me garantem que a apresentação foi boa. Estou apenas entorpecida. Gastei toda a minha energia. Isso acontece.

Fiquei grata pelo diagnóstico da minha filha. Ajudou meu humor a voltar ao normal. Se o nervosismo que sinto antes de ensinar é medo do palco, a falta de emoção depois é uma decepção que os artistas também sentem. Não sei se existe um nome para isso, mas faz parte do ciclo de vida do artista. Embora eu não encare as aulas como uma performance, claramente são.

*Apenas os pensamentos que surgem na caminhada têm valor.*
– FRIEDRICH NIETZSCHE

Mais uma vez, a orientação tem algo a me dizer. *Você precisa de ajuda para ter uma visão geral. Por enquanto, tente acreditar em Nick e Emma. Eles acham que você se saiu bem e ambos são sinceros. Você está cansada e nervosa. Você ministrou uma boa aula, agora pode deixar a ansiedade ir embora.*

Quando a orientação chama meu humor de "ansiedade", percebo que não estou vazia, e sim ansiosa. Quero ter a certeza de que minha aula foi realmente boa, não fraca, como minhas emoções me levam a crer. Talvez seja normal querer garantias, mas acho minha insegurança cansativa. Eu não deveria ser capaz de seguir meus conselhos? Mais uma vez, recorro à orientação. E ouço: *Julia, você é perfeccionista e quer ter certeza de que sua aula foi perfeita. Permita-se ser humana. Baixe a exigência. Aceite que sua aula foi boa – boa o suficiente. E boa o suficiente é mais do que suficiente.*

Bom e sábio conselho. Que bom seria se eu pudesse aceitá-lo! Como que para me consolar, Lily corre para o meu lado. Está tudo bem, garante sua presença. E é verdade. Está tudo bem.

*Apenas saí para dar uma caminhada e finalmente resolvi ficar fora até o sol se pôr, pois sair, descobri, era na verdade entrar.*
– JOHN MUIR

∾

Mais um dia de vento e fumaça. Ao caminhar com Lily, meus olhos voltaram a arder. Dessa vez, interrompo a caminhada. Não estou suportando a fumaça.

De volta a casa, em segurança, telefono para Jennifer, sabendo que ela terá compaixão pelos meus olhos, que tanto ardem.

– Foi a fumaça de novo? – pergunta ela.

– Sim – respondo, triste.

– Tão ruim quanto ontem?

– Muito ruim – respondo. – Acho que preciso de paciência. Com certeza a fumaça vai passar logo.

– Deus te ouça – deseja Jennifer, em tom solene. – Enquanto isso, lave bem os olhos e fique de olho em Lily.

Ao desligar o telefone, fico de olho na cachorrinha. Ela parece imperturbável, embora talvez esteja irritada por termos abreviado a caminhada. Ela se estica ao meu lado na poltrona, uma presença reconfortante. "Boa menina", digo.

Em seguida, Jacob Nordby me liga de Boise, Idaho. Diz que em Boise a fumaça foi embora, ainda que a cidade tenha sido tão prejudicada quanto Santa Fé pela fumaça que vem do oeste.

– Vou dar uma caminhada – relata Jacob. – A qualidade do ar está boa novamente.

– Aqui ainda temos fumaça – digo, com a autopiedade saturando meu tom de voz.

– Espero que melhore logo – deseja Jacob. – Odeio vê-la sofrendo.

A compaixão ressoa pelo fio. Jacob é um homem gentil, que demonstra toda a sua empatia. Sou grata pela preocupação dele. Invejando seu céu limpo, desejo-lhe boa caminhada. Cá, na enfumaçada Santa Fé, nada de caminhadas por enquanto.

Pego papel e caneta e pergunto à orientação: "O que fazer em relação à fumaça?" *Julia, a fumaça vai se dissipar. Tente ter paciência. Seu nervosismo de nada adianta. Fique em casa e evite a fumaça que o vento traz. Em breve, o céu voltará a clarear.*

Assim, instruída a ter paciência, olho para as montanhas e as descubro enevoadas, mas bem definidas. A fumaça está diminuindo. Em breve, como Jacob, poderei fazer caminhadas. Santa Fé, como Boise, terá céu limpo.

Mais uma vez, os passarinhos se aninham nos galhos do meu pinheiro. Um corvo solitário rodeia a árvore, mas não pousa. A noite está chegando. Recebo mais uma ligação, desta vez de Corey, uma amiga. Ela relata com tristeza que encontrou um bando de pardais mortos em sua propriedade. Vítimas da fumaça, talvez? Eu me pergunto. Criaturas delicadas, com certeza. Lembro-me de passar pelo cadáver de um pássaro canoro enquanto caminhava com Lily. Seu peito era vermelho e dourado, as cores do sol poente, como se ele fosse uma pequena partícula do pôr do sol caída na terra. Agora, uma meia-lua se ergue sobre as montanhas. Chamo Lily para dentro de casa e tranco a porta. Está na hora de dormir. Talvez amanhã seja um dia melhor.

*Caminhada... é assim que o corpo se mede em relação à terra.*
– REBECCA SOLNIT

O sol se põe em faixas coloridas no céu. A lua nasce no leste. Coloco a caneta na página e pergunto: "Sobre o que devo escrever?" A resposta que me chega é: *Fé*. É preciso ter fé para escrever sobre fé, para acreditar que minha caneta será guiada. Tenho anos de experiência trabalhando com orientação, mas ainda assim hesito, com a caneta pairando sobre a página. O que há para dizer sobre fé? Muito.

Outra palavra para fé é "confiança", e confiança é algo que se constrói com o tempo. A orientação me diz: *Você está sendo adequada e delicadamente guiada*. Então pouso a caneta na página e pergunto: "Em que direção?" Uma palavra de cada vez, um pensamento de cada vez, a resposta se revela. Pede que eu tenha fé em minha sabedoria que está sendo construída. Me diz que fé é igual a confiança, que é igual a segurança em um futuro desconhecido.

*Está tudo bem*, me diz a orientação, e esforço-me para acreditar na benevolência. Há 42 anos venho seguindo um caminho espiritual e, apesar de meus medos e dúvidas, *tudo sempre correu bem*. Talvez isso se deva ao fato de eu ter assumido um compromisso. Entreguei conscientemente "minha vontade e minha vida nas mãos de Deus". Apesar dos altos e baixos, sempre me lembrei do meu compromisso. Nos momentos mais sombrios, eu me perguntei: "O que será que Deus está fazendo?" Em suma, eu praticava a fé. Minha curiosidade buscava um lado positivo e, com certeza, sempre havia um lado positivo.

Quanto mais aumentava minha experiência, mais fácil a fé se tornava. Deus não me trouxe até aqui para ser abandonada. *Você não foi abandonada*, prometeu-me a orientação. As palavras tranquilizadoras me deram esperança, e a esperança, por sua vez, me levou a ter mais fé.

Minha amiga Jeannette diz: "A orientação está sempre presente." Dependendo da orientação, minha fé é testada – e ampliada. Coloco a caneta na página pedindo para ser guiada e a orientação me garante: *Você é adequada e delicadamente guiada*. De novo, as palavras convidam a fé a avançar. Se de fato sou guiada "adequada e delicadamente", o que tenho a temer?

Minha amiga Jane Cecil, já falecida, me aconselhou: "Há sempre uma opção entre a fé e o medo. Escolha a fé." E foi assim que passei a exercitar um músculo espiritual. Foi preciso esforço para escolher a fé, mas o esforço compensou. A fé se tornou um hábito, uma resposta submetida ao teste da vida. Fé construída sobre fé. A vida não era mais uma queda livre. A fé era meu paraquedas.

Assim, quando sou orientada a escrever sobre fé, sinto-me repleta de otimismo. A boa-nova é que a fé está disponível para todos nós. No início, é um passo rumo ao desconhecido mas, com a prática, torna-se uma escolha de vida. A fé nos permite enfrentar a aparente adversidade com equanimidade. Se "a fé sem obras é morta", ela nos permite realizar obras e, portanto, nos tornarmos vivos. A fé se constrói sobre si mesma, criando mais fé. Passamos a confiar na fé e a contar com ela. Assim, a diretriz de escrever sobre a fé se torna uma tarefa realizada com prazer. Afinal, a fé é a boa-nova. Acreditando na fé, sou de fato adequada e delicadamente guiada.

## ESCREVA EM BUSCA DE ORIENTAÇÃO

Tente recordar uma ocasião em que você agiu com fé. Qual foi o resultado? Agora, pegue papel e caneta e complete as frases a seguir:

1. Tive fé quando…
2. Eu poderia ter mais fé em relação…
3. A orientação me incentiva a ter fé em relação a…

# O poder da caminhada

Na tarde de um dia claro e ensolarado, saio com Lily para dar nossa caminhada diária. Assim que abro a porta, ela corre à minha frente, arrastando-me pela coleira. "Calma, garota", digo, apressando-me para acompanhar seus passos. Ela entende meu tom de voz, talvez até minhas palavras, e diminui o ritmo. Eu a alcanço, dou um leve puxão e seguimos pelo lado direito, subindo pela estrada de terra em direção ao bosque de zimbros com seu coro de pássaros canoros. Eles cantam para nós quando nos aproximamos. Quanto mais perto chegamos, menos eles cantam. Passando pelo bosque sibilante, nos aproximamos de um prado, de onde costumamos avistar cervos; hoje, porém, não há nenhum à vista. Um único esquilo corre à nossa frente, fugindo para a segurança de um arbusto de cenizos dourados. Um coelho grande é a criatura seguinte a aparecer. Lily me puxa, mas o coelho é rápido demais para ela, e ela volta para o meu lado, caminhando agora em um ritmo digno, desanimada com a falta de sorte na caça.

> Solvitur ambulando: *Tudo se resolve caminhando.*
> – SANTO AGOSTINHO

Distraída com as travessuras de Lily, fico incomodada porque minha caminhada não está sendo a meditação habitual. Estou acostumada com caminhadas que me trazem orientação, e hoje preciso das respostas que a caminhada pode oferecer. Saí com uma pergunta: "Sobre o que devo escrever?" A pergunta se insinuou em minha consciência enquanto Lily chamava minha atenção. Quando ela se acalmou, adaptando seu ritmo ao meu, a pergunta ficou mais clara e, felizmente, com ela surgiu a resposta: *Escreva sobre a caminhada.*

Quando caminho, estico as pernas e relaxo a mente. Concentrada no ambiente ao meu redor, sou lançada no "agora". E é aqui, no presente, que as respostas chegam até mim. Elas surgem na forma de palpites, inspirações, ideias vagas. A "voz mansa e delicada" se amplia. Passo a passo, percorrendo a estradinha de terra, ingresso em reinos mais elevados. Tenho a impressão de que há algo maior e benevolente que domina minha realidade. Esse poder superior me presenteia com uma sensação de otimismo e bem-estar. Falam comigo – como disse a escritora Brenda Ueland, ela mesma adepta da caminhada – "Deus e seus mensageiros". Caminhando, sou receptiva às forças superiores. Caminhando, aciono o botão que carrego dentro de mim, retirando-o da posição "enviar" e colocando-o na posição "receber". E o que recebo é uma sabedoria maior do que a minha.

*Vestirei calças brancas de flanela, e pelas praias andarei.*
— T. S. ELIOT

Na volta para casa, Lily me puxa pela coleira. Se antes estava ansiosa para sair, agora está ansiosa para voltar para casa. Mais uma vez ela acelera o passo, e mais uma vez eu a seguro firme. Ando lentamente, com intenção. Minha orientação, *Escreva sobre a caminhada*, me encheu de ideias. Eu as revisito ao abrir o portão da frente. Ao atravessar a varanda, tenho uma sensação de satisfação. Lily para perto de minhas roseiras. "Vamos, garota", a incentivo, abrindo a porta. Afinal, nossa caminhada foi boa.

A cachorrinha está deitada no piso de madeira. Ela gosta do frescor do ar-condicionado, que penetra em sua pelagem espessa e a deixa confortável, mesmo no calor do final do verão.

"Aqui, garota", digo, chamando-a para ficar ao meu lado na poltrona. Ela ouve, mas me ignora. Está confortável deitada no chão. Já comeu e agora precisa tirar um cochilo. Mais tarde, à noite, estará mais compassiva. No momento, está perdendo um belo espetáculo. Os corvos passam pela janela. Brilhando como ébano, iluminam meu pinheiro. Admiro suas travessuras ao sabor do vento.

> *E então, devo caminhar ou galopar?*
> *"Galopar", diz o Prazer; "Caminhar", replica a Alegria.*
> – W. H. DAVIES

Quando me mudei para Santa Fé, há dez anos, planejava morar na cidade, perto de lojas e cafés. O plano foi frustrado quando aluguei minha primeira casa, a 5 quilômetros da cidade, em um bosque de zimbros e pinheiros, cercada de plantas e animais. Descobri que desejava ficar mais perto da natureza selvagem do que da civilização. Há dois anos, me mudei para ainda mais longe do centro, para a casa que acabei comprando, uma aconchegante casa de tijolinhos com varanda e vista para as montanhas. Essa nova casa é cercada pela flora e pela fauna da região, com bandos de corvos, cervos passeando. Da janela da sala de estar, avisto uma paisagem majestosa. À noite, aprecio a lua nascendo por trás das montanhas.

A casa tem uma cerca alta, o que não impede a visita de esquilos e guaxinins. No jardim, íris, lírios e rosas. O chão de pedra serve de local de descanso para lagartos. Um zimbro solitário fica de sentinela perto da casa. Três bétulas formam um bosque em miniatura no canto mais distante.

Minha casa tem o formato de uma ferradura, circundando o quintal. No portal, pendurei a ristra, presente do artista Ezra Hubbard. Pintei o interior com cores vivas – lilás, verde-claro e cáqui.

"Amei as cores! Sua casa é linda!", exclamou a pintora Annie Brody durante uma visita recente. Ela me presenteou com uma grande orquídea roxa, "para lhe fazer companhia enquanto eu estiver fora". A orquídea complementou as paredes pintadas de lilás, onde pendurei as gravuras de pássaros, uma homenagem ao amor do meu pai pelas aves.

O pinheiro adjacente à minha sala de estar oferece abrigo a um bando de passarinhos. Eles habitam suas partes mais internas, deixando os galhos externos para os corvos que bicam como sentinelas à espreita. Pica-paus e sanhaços compartilham seus abrigos. Apreciando a vista da minha poltrona, sou presenteada diariamente com um espetáculo de aves.

A parte de trás da minha casa é toda cercada por causa de Lily. A cerca é alta, tem quase 2 metros – um obstáculo eficaz para coiotes e ursos, um refúgio seguro para Lily. Às vezes, à noite, os coiotes rondam a cerca, fazendo com que Lily dê um latido de preocupação em resposta a seus uivos fantasmagóricos. Na época dos ursos, os vizinhos avisam uns aos outros "Cuidado", e por isso sou muito cautelosa ao entrar na garagem. Sabe-se que os ursos ficam à espreita nos muros, em busca de comida. Cuidado é a palavra de ordem.

A lua crescente se ergue sobre as montanhas, e sua luz prateada ilumina minhas janelas. Ofuscadas por sua luz, as estrelas são meras velas. Lily, que acordou de seu cochilo, se dirige ao meu quarto, onde se aconchega em sua coberta de veludo. A noite está tranquila. Nada de coiote. O luar banha a varanda e tudo está calmo. Às nove horas, vou ligar para minha amiga Jeannette em Nova York. Imagino seu apartamento aconchegante em meio a prédios iluminados. Ela imagina minha vida aqui em Santa Fé. Nossa amizade percorre os quilômetros de distância quando Jeannette me pergunta:

– Pronta para dormir?

De pijama, quentinha com um robe por cima, respondo:

– Sim.

Fecho a casa, apago as luzes, coloco Lily para dentro. Está tudo tranquilo quando dou boa-noite a Jeannette, grata pela companhia que nosso telefonema me proporcionou – grata também por minha vida solitária no esplendor da vida silvestre.

*Caminhar pela escuridão com pensamentos coloridos.*
– PRAJAKTA MHADNAK

## ESCREVA EM BUSCA DE ORIENTAÇÃO

Papel e caneta na mão, escreva uma pergunta que não sai da sua cabeça. Escute a resposta. Agora, coloque o tênis e saia para uma caminhada solitária – bastam vinte minutos. Leve a pergunta com você na caminhada.

Quando voltar para casa, volte à página. O que lhe passou pela cabeça enquanto você caminhava?

*Eu caminhei para encontrar meus melhores pensamentos,
e não conheço nenhum pensamento tão pesado que
eu não possa me afastar dele caminhando.*
– SØREN KIERKEGAARD

# A benevolência da orientação

O ancião Lakota Scott Thomas liga, mas afirma que será breve. "Sei que você precisa escrever", diz ele. "Desejo-lhe orientação. Falo com você amanhã." Com essa breve nota de bem-querer, ele desliga. Fico grata pela ligação, feliz com a intenção. Scott me quer bem e seu desejo de que eu tenha orientação é bem-vindo. O próprio Scott conta com a orientação que lhe vem diariamente do que ele chama de "mundo invisível". Como eu, tem o hábito de pedir conselhos a aqueles que já faleceram e, portanto, seu telefonema de hoje me remete aos meus entes queridos que já se foram.

*Rezar não é pedir. Rezar é colocar-se nas mãos de Deus, à Sua disposição, e ouvir Sua voz no fundo do nosso coração.*
– MADRE TERESA

*Escreva sobre benevolência*, é o que ouço de minha falecida amiga Jane Cecil, que tinha uma fé inabalável na bondade de Deus. Vivendo um dia de cada vez, ela sempre encontrava o lado bom do dia. A quem ligasse para narrar uma catástrofe, mostrava o lado bom da situação. Preocupada com a própria situação financeira? "Deus proverá." Preocupada com a saúde? "Deus é o médico amado e glorioso." Preocupada, como estou agora, com a criatividade, Jane me assegurava que o criador é uma fonte de ideias: "É só acessar." Deus é benevolente, Jane acreditava – e ainda acredita, onde quer que esteja. Quando lhe peço orientação, ouço: *Julia, estou ao seu lado*. E sinto que Jane está comigo, uma presença reconfortante que sempre me garante a benevolência de Deus. Tenho a foto dela pendurada na porta da geladeira.

> *Suavizar penas alheias é esquecer as próprias.*
> – ABRAHAM LINCOLN

Em seguida, recorro à falecida Elberta Honstein, criadora de cavalos campeões da raça Morgan. Assim como Jane, Elberta continua sendo uma alma viva e animada. Sua linguagem mantém o sabor das exposições de cavalos. *Julia, você é uma campeã*, me diz ela. *Eu lhe concedo resistência e graça*. Confesso a Elberta que estou nervosa porque vou falar em público ou ministrar uma aula, cansada de uma noite maldormida por causa da ansiedade. Elberta me garante: *Você vai se sair bem*. Tanto na vida quanto após, ela é uma otimista convicta. Seu otimismo transborda. *Você é bem orientada*, afirma, com confiança. E sua confiança, assim como a fé de Jane, é contagiante. *Vai ficar tudo bem*, é o que ouço. Agradeço a Elberta por sua tranquilidade.

A benevolência e o otimismo caracterizam as mensagens que recebo. A orientação é repleta de esperança – esperança em um futuro benevolente e otimista. Sou orientada diariamente a ter otimismo. Os que já se foram compartilham sua visão. Os que continuam aqui comigo, no mundo visível, buscam domínios e forças superiores. Scott Thomas reza "para os ancestrais, para os espíritos". Rezo para Jane e Elberta, para as "forças superiores" e, quando tenho coragem, para o "poder superior". O nome pouco importa, a orientação está sempre disponível. Ao nos valermos da sabedoria superior, somos guiados "adequada e delicadamente". Garantem-nos: *Não duvide de nossa bondade. Desejamos a você o que há de melhor. Não existe erro em seu caminho. A bondade flui em sua direção*. Assim, ao nos comunicarmos com as forças superiores, temos a certeza de nosso futuro nos reinos superiores. Deus é, de fato, benevolente, e temos muitos motivos para ser otimistas.

∽

A noite caiu. Luminosa e pálida, a lua cheia surge atrás das montanhas. O telefone toca; mais uma vez é Scott Thomas, sempre calmo e tranquilo, ligando para ver como estou, querendo saber se meu dia foi bom, o que felizmente confirmo. Andei na esteira, caminhei com Lily e me exercitei. A atividade física gera endorfina, uma forma que a natureza tem de promover nosso bem-estar. Estou otimista e equilibrada. Todos os sistemas estão "funcionando" quando começo a escrever à noite.

Mas sobre o que escrever? Uma única palavra de orientação me vem à mente: *sinceridade*. Nosso mundo precisa de sinceridade, e a sinceridade pode ser cultivada. Ser sincero é ser autêntico, é falar a verdade sem censura. Para muitos, a sinceridade é algo inalcançável. Filtramos nossas palavras para só dizer o que consideramos aceitável. A sinceridade evita essa censura. Ela exige que consideremos aceitáveis todos os nossos estímulos. Sim, até mesmo os pensamentos feios que somos tentados a ocultar.

> *As pessoas bondosas são o melhor tipo de pessoa.*
> – AMIT KALANTRI

Como podemos resistir à tentação de adaptar nossos pensamentos? Para começar, devemos praticar a autoaceitação, dizendo a nós mesmos: "Todas as partes de mim são bem-vindas aqui." A autoaceitação requer prática, e a melhor forma de praticá-la é por meio das páginas matinais.

Simplificando, as páginas matinais são um exercício de revelação pessoal. Escritas logo ao acordarmos, antes que nossas defesas estejam a postos, elas nos ensinam a honestidade e a autorrevelação. Nas páginas, somos autênticos e vulneráveis. Escrevemos: "Quero mais disso. Quero menos daquilo." Nossas opiniões e revelações muitas vezes nos surpreendem. "Eu não sabia que me sentia assim!", dizemos mentalmente. Nada é proibido. Todos os pensamentos são igualmente válidos – seja de felicidade ou descontentamento, alegria ou tristeza. Não existe uma maneira "errada" de escrever as páginas. Elas podem ser animadas, amorosas, interessantes ou maçantes. As páginas matinais nos oferecem um vislumbre de nossa mente indefesa. Em suma, somos sinceros e a franqueza é transferida da escrita para a fala. Passamos a expressar em voz alta o que antes não era possível dizer. A honestidade se torna nossa moeda, e a autenticidade, a moeda do reino.

> *Ninguém nunca se tornou pobre*
> *por ser generoso demais com os outros!*
> – ANNE FRANK

Passamos a experimentar uma nova liberdade – e um respeito renovado por nós mesmos. Ao expressarmos nossa verdade, validamos a nós mesmos e nossas percepções. Os outros percebem nosso cerne firme. Somos dignos de confiança. A sinceridade nos dá isso. Ao escrevermos nossos pensamentos matinais, nos tornamos íntimos de nós mesmos. Essa intimidade nos permite criar laços íntimos com os outros. Ao nos tornarmos humanos diante de nós mesmos, ousamos nos deixar conhecer pelos outros. Nossa sinceridade abre caminho para relacionamentos autênticos. Como a lua cheia no céu noturno, somos claramente visíveis, lançando nossa luz sobre aqueles que nos cercam, presenteando-os com honestidade e autenticidade. "Seja fiel a si mesmo", prestamos atenção a esse ditado. Se formos fiéis a nós mesmos, seremos fiéis aos outros. A sinceridade sai vencendo.

Ao pedir ajuda para as muitas necessidades de meus entes queridos, ouço: *Julia, saiba que seus entes queridos estão sob minha guarda e sob meus cuidados.* Aproveito a deixa e oro: "Caro Deus, conceda a todos tudo que eles necessitam." Tento não oferecer detalhes de meu pedido. Orientada a orar para conhecer a vontade de Deus e a capacidade de realizá-la, eu me esforço para alinhar minha vontade com o poder superior. Faço isso colocando no papel minhas preocupações e a orientação que recebo. *Não duvide da minha bondade*, escuto, e percebo que preciso reforçar diariamente minha fé em um Deus benevolente, buscando ainda mais orientação.

Sendo assim, pergunto: "Há mais alguma coisa que eu possa dizer sobre orientação?" Ouço: *Julia, você lidera pelo exemplo.*

E qual é esse exemplo?

Peço orientação em todos os momentos, em todas as áreas de minha vida. Nada é indigno ou importante demais que me impeça de pedir orientação. Veja agora, por exemplo: minha orientação me diz que meu livro está chegando ao fim. *Julia, ouço, você demonstrou como funciona a orientação na sua vida. Seus leitores podem seguir seu exemplo.* Em sua essência, escrever para obter orientação é um desejo de ter ajuda divina, uma tentativa de ir além de nossa sabedoria humana, uma oitava acima. Em suma, este livro procura demonstrar que a orientação está disponível para cada um de nós, sobre qualquer assunto, sempre.

## ESCREVA EM BUSCA DE ORIENTAÇÃO

Analise as orientações que você já recebeu e colocou no papel. Há um tom de benevolência nelas? Você percebeu, como eu, o valor de pedir orientação para todo e qualquer aspecto da vida? Espero que você tenha compartilhado comigo essa prática reconfortante e útil que uso todos os dias.

Daqui para a frente, você vai conseguir se comprometer com as páginas matinais e escrever diariamente, pedindo orientação?

# Agradecimentos

Jennifer Bassey
Tyler Beattie
Scott Bercu
Sonia Choquette
Nick Kapustinsky
Rena Keane
Chris Kukulski
John Kukulski
Joel Fotinos
Laura Leddy
Emma Lively
Jacob Nordby
Scottie Pierce
Susan Raihofer

CONHEÇA OS LIVROS DE JULIA CAMERON

O caminho do artista

A arte da escuta

Trilhando o caminho do artista

CONHEÇA ALGUNS DESTAQUES DE NOSSO CATÁLOGO

- Augusto Cury: Você é insubstituível (2,8 milhões de livros vendidos), Nunca desista de seus sonhos (2,7 milhões de livros vendidos) e O médico da emoção
- Dale Carnegie: Como fazer amigos e influenciar pessoas (16 milhões de livros vendidos) e Como evitar preocupações e começar a viver
- Brené Brown: A coragem de ser imperfeito – Como aceitar a própria vulnerabilidade e vencer a vergonha (900 mil livros vendidos)
- T. Harv Eker: Os segredos da mente milionária (3 milhões de livros vendidos)
- Gustavo Cerbasi: Casais inteligentes enriquecem juntos (1,2 milhão de livros vendidos) e Como organizar sua vida financeira
- Greg McKeown: Essencialismo – A disciplinada busca por menos (700 mil livros vendidos) e Sem esforço – Torne mais fácil o que é mais importante
- Haemin Sunim: As coisas que você só vê quando desacelera (700 mil livros vendidos) e Amor pelas coisas imperfeitas
- Ana Claudia Quintana Arantes: A morte é um dia que vale a pena viver (650 mil livros vendidos) e Pra vida toda valer a pena viver
- Ichiro Kishimi e Fumitake Koga: A coragem de não agradar – Como se libertar da opinião dos outros (350 mil livros vendidos)
- Simon Sinek: Comece pelo porquê (350 mil livros vendidos) e O jogo infinito
- Robert B. Cialdini: As armas da persuasão (500 mil livros vendidos)
- Eckhart Tolle: O poder do agora (1,2 milhão de livros vendidos)
- Edith Eva Eger: A bailarina de Auschwitz (600 mil livros vendidos)
- Cristina Núñez Pereira e Rafael R. Valcárcel: Emocionário – Um guia lúdico para lidar com as emoções (800 mil livros vendidos)
- Nizan Guanaes e Arthur Guerra: Você aguenta ser feliz? – Como cuidar da saúde mental e física para ter qualidade de vida
- Suhas Kshirsagar: Mude seus horários, mude sua vida – Como usar o relógio biológico para perder peso, reduzir o estresse e ter mais saúde e energia

sextante.com.br